MARION FÖLSCH
Kalckreuthstr. 15
10777 BERLIN
Tel.: 0 30/2 11 75 48

DAS ALTE CHINA

BRIAN WILLIAMS

KARL MÜLLER VERLAG

Danksagung

Der Herausgeber bedankt sich bei folgenden Institutionen für die Veröffentlichung von Fotos:
e.t. archive: Seite 4, 7, 11, 12, 17, 19, 21, 22, 23 oben links, 29, 35 unten rechts, 36 links, 39 unten, 40, 43 unten rechts. Zefa: 14. Michael Holford: 15. The Bridgeman Art Library: 18 links – Giraudon/Bibliotheque Nationale, Paris, 18 oben rechts – British Library, London, 23 unten links – Oriental Museum, Durham University, 34-35, 35 oben – British Library, London, 39 oben – Bibliotheque Nationale, Paris, 46-47 Privatsammlung. Werner Forman Archive: 23 mitte rechts, 26 unten. Christie's Images: 26 mitte links, 43 oben. Science & Society Picture Library: 30. Bodleian Library, Oxford: 31 – MS. Bodl. 264. Fol. 218R Top. Fotomas Index: 36 rechts. Wellcome Institute Library, London: 37. Ashmolean Museum, Oxford: 42 – 1978.1836. Reverend Karrach: 44 links. Robert Harding Picture Library: 44 rechts, 45 – Mark Stephenson.

ILLUSTRATOREN:
James Field: Titelbild, 10-11, 20-21, 26-27.
Mark Stacey: 6-7, 14-15, 16-17, 28-29, 38-39.
Peter Bull: Karten, 4-5, 30-31, 44-45.
Bill Donohoe: 8-9, 24-25, 32-33, 40-41.
Simon Williams: 6-7, 12-13, 16-17, 18-19, 22-23, 30-31, 34-35, 36-37, 42-43.

Redaktion: Andrew Farrow und Alyson Jones
Seriendesign: Anthony Godber und Nick Avery
Bildrecherchen: Thelma Gilbert
Herstellungsleitung: Lorraine Stebbing.

In der gleichen Ausstattung sind bisher erschienen:
**BLICK IN DIE GESCHICHTE: Das alte Ägypten ·
Das alte Griechenland · Das alte Rom · Das Mittelalter ·
Der Wilde Westen · Die Apachen · Die Azteken ·
Die Entwicklung der Industrie · Die Indianer · Die Inkas ·
Die Kelten · Die Renaissance · Die Ritter · Die Wikinger ·
Festungen und Burgen · Gräber und Schätze ·
U-Boote und Schiffe · Wie Menschen wohnen ·
Wunder des Altertums
BLICK IN DIE NATUR: Insekten · Säugetiere
BLICK IN DIE ZUKUNFT: Entdecke den Weltraum
BLICK IN UNSERE WELT: Planet Erde**

© Reed Educational & Professional Publishing, Ltd
© der deutschsprachigen Ausgabe:
Karl Müller Verlag, Danziger Str. 6, D-91052 Erlangen

Alle Rechte vorbehalten.
Kein Teil des Werkes darf in irgendeiner Form (durch Fotokopie, Mikrofilm oder ein ähnliches Verfahren) ohne die schriftliche Genehmigung des Verlages reproduziert oder unter Verwendung elektronischer Systeme verarbeitet, vervielfältigt oder verbreitet werden.

Titel der Originalausgabe: See trough History – Ancient China
Übersetzung aus dem Englischen: Stefanie Menzel
Lektorat: Sabine Raab

1 2 3 4   00 99 98 97

INHALT

Das alte China 4
Die Bronzezeit 6
Ein Shang-Begräbnis 8
Das Leben der Bauern 10
Dem Herren dienen 12
Im Krieg 14
Der erste Kaiser 16
Die richtige Lebensweise 18
Chinesische Bräuche 20
Kunst und Bildhauerei 22
Das Haus eines Adeligen 24
Chinesische Städte 26
Alltag 28
Handel und Reisen 30
Kanäle und Dschunken 32
Die Regeln des Kaisers 34
Wissenschaften und Erfindungen 36
Ein neues Reich 38
Die Verbotene Stadt 40
Außerhalb der Verbotenen Stadt 42
Auf den Spuren von Chinas Geschichte 44
Zeittafel und Erläuterungen 46
Register 48

DAS ALTE CHINA

Dieses Buch gibt einen Eindruck davon, wie über die Jahrtausende die einzigartige Kultur Chinas entstanden ist. Jede Herrschaft, von der Shang- bis zur Mandschu-Dynastie, brachte neue Erkenntnisse in Philosophie, Kunst, Wissenschaft und Technik. Das heutige China ist ein mächtiger Staat, der jetzt noch auf die Errungenschaften der Antike zurückgreifen kann.

Herrscher und Dynastien

Vor 500 000 Jahren: Höhlenbewohner
Vor 25 000 Jahren: Steinzeit, Werkzeughersteller
3000 v. Chr.: Yangshao- und Longshan-Bauern
1700 v. Chr.: Shang-Herrschaft.
1122 v. Chr.: Chou-Herrscher besiegt Shang-König
500 v. Chr.: Konfuzius
221 v. Chr.: Chin-Dynastie, Erster König, Shi Huang-ti. Bau der Chinesischen Mauer.
202 v. Chr.: Han-Dynastie
220 n. Chr.: Viele Unruhen, Buddhismus.
581: Sui-Dynastie
618: T'ang-Dynastie
907: Bürgerkriege
960: Sung-Dynastie
1279: Mongolen beherrschen ganz China
1368: Ming-Dynastie
1644: Mandschu- oder Ch'ing-Dynastie
1912: Republik China
1949: China wird kommunistischer Staat

Heute teilen über eine Milliarde Chinesen diese einmalige Geschichte. Sie gehören damit der ältesten beständigen Kultur der Welt an, die bereits seit 5000 Jahren existiert. Einst glaubten die Chinesen, ihre Kultur sei die einzig existente. Als 960 v. Chr. ein Fürst nach Unabhängigkeit trachtete, entgegnete der chinesische Kaiser befremdet: „Welches Vergehen hat euer Volk begangen, dass es aus dem Reich ausgeschlossen werden soll?"

PRÄHISTORISCHES CHINA

Durch Ausgrabungen von Lagerplätzen weiß man, dass die Chinesen vor 500 000 Jahren in Höhlen lebten. Überreste dieser Ureinwohner, der so genannten Peking-Menschen, fand man in den 20er Jahren bei Choukoutien im Nordosten Chinas. Sie waren Jäger und Sammler, benutzten Steinwerkzeuge und kannten vermutlich auch schon das Feuer.

Vor 25 000 Jahren stellten höher entwickelte Höhlenmenschen bereits Schmuckgegenstände aus polierten Muscheln her. Bei Begräbnissen stäubten sie ihre Toten im Rahmen einer religiösen Zeremonie mit roter Erde ein.

DIE ERSTEN BAUERN

Die Lebensader des alten Chinas war das Flusstal des Hwangho oder Gelben Flusses. Sein Name bezieht sich auf den gelben Boden, den er in den Hochebenen der Mongolei aufnimmt und Richtung Norden mit sich trägt. Dieser als Löss bekannte Boden wird auch vom Wind transportiert und bedeckte weite Teile Nordchinas.

Die Menschen bauten ihre Dörfer auf den fruchtbaren Böden des Hwangho-Tales und bestellten dort ihre Äcker. Diese Anfänge ortsgebundener Besiedelung liegen bereits 5000 Jahre zurück. Die Dorfvorsteher dieser frühen Gemeinschaften waren vermutlich sowohl Priester als auch Krieger. Von diesen Anführern stammen die ersten chinesischen Könige der Shang-Dynastie ab.

KAISER UND KÖNIGE

Das alte China wurde nicht zentral regiert, sondern bestand aus mehreren Königreichen. Manchmal war eine Königsfamilie jedoch so mächtig, dass sie ganz China beherrschte. Oft kämpften rivalisierende Königreiche um die Vormachtstellung.

Die chinesische Geschichte wird in Perioden eingeteilt, die nach den herrschenden Familien oder Dynastien benannt sind. Die erste bekannte Dynastie war die der Shang-Könige, etwa ab 1700 v. Chr. Danach kamen verschiedene Dynastien, die bis ins 20. Jh. reichten.

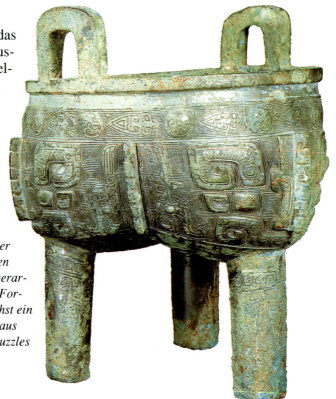

Ein dreibeiniger, bronzener Kochtopf aus der Shang-Zeit (16.–11. Jh. v. Chr.). Er hat einen Deckel und stand beim Kochen im Feuer. Derartig verzierte Gefäße goss man in speziellen Formen. Von einem Wachsmodell wurde zunächst ein Tonabdruck genommen. Die Form bestand aus mehreren Stücken, die wie die Teile eines Puzzles ineinander passten.

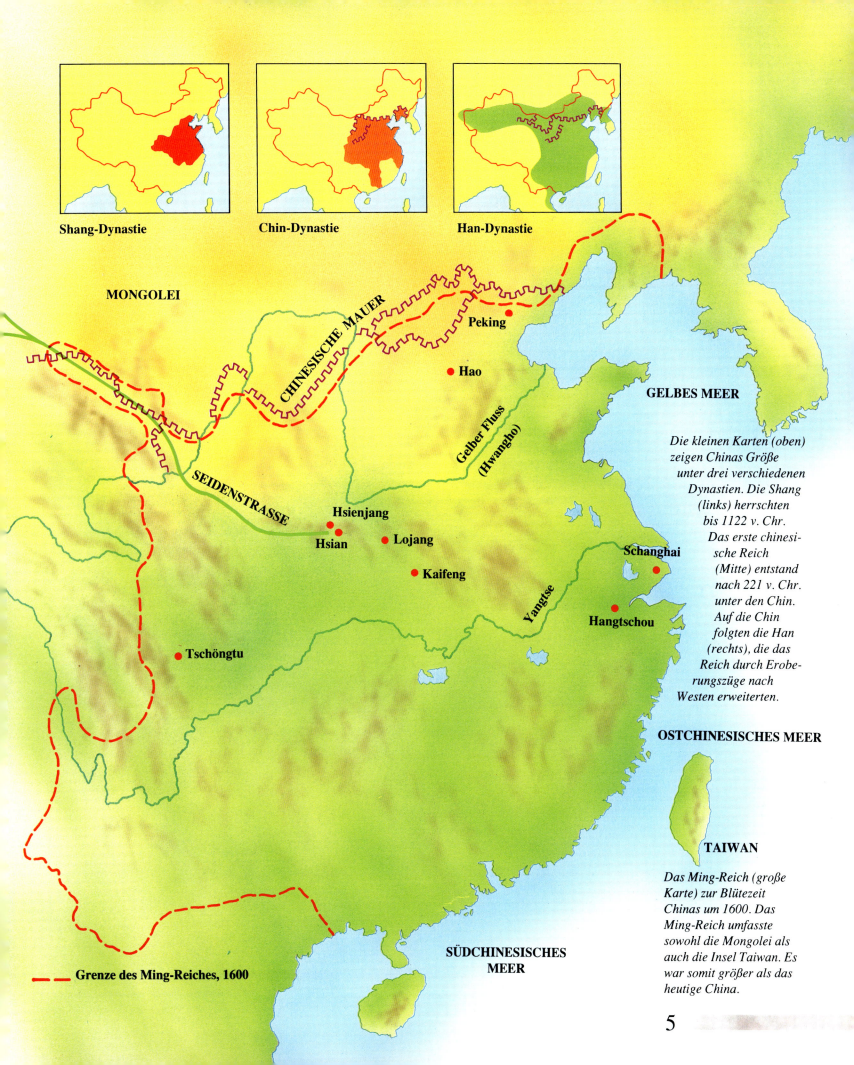

DIE BRONZEZEIT

Die Shang-Chinesen waren eines der ersten Völker, das aus Bronze Waffen und Werkzeuge herstellte. Die Shang-Herrscher waren Priester und Könige zugleich und lebten in Saus und Braus. Sie holten sich Rat bei Wahrsagern, insbesondere, wenn es darum ging, den Platz für eine neue Stadt auszuwählen.

„Ich habe den Schildkrötenpanzer befragt und erhielt die Antwort: ‚Dies ist kein Platz zum Siedeln'".

— König Pan Geng —

Die Shang lebten in Nordchina und bauten die ersten Städte Chinas. Diese waren zunächst kleine, mit Mauern umgebene Dörfer. Der König bewohnte ein aus Holzpfählen und Lehmwänden errichtetes Herrenhaus mit überhängenden Dächern. Die Häuser der Armen waren kleiner, aber ebenfalls mit Erde und Stöcken gebaut. Solche Gebäude ließen sich nach einem Erdbeben leicht wieder aufrichten und reparieren. Unter den Palästen fand man menschliche Knochen, was darauf hindeutet, dass vor dem Bau eines neuen Herrscherpalastes Gefangene als Opfer getötet wurden.

ORAKELKNOCHEN

Die Shang verlegten ihre Hauptstadt mindestens sechsmal. Vor jedem Umzug befragte der König mit Hilfe von Wahrsagern die Ahnengeister. Diese am Hof lebenden Magier benutzten Tierknochen und Schildkrötenpanzer, um Antworten auf in die Zukunft gerichtete Fragen des Königs zu erhalten. Die Shang folgten dem Rat des Orakels, wenn es um neue Siedelplätze, Kriegsführung, Ackerbau oder Jagd ging.

Dieses Shang-Dorf ist von einer Mauer umgeben, an deren Toreingang sich zum Schutz ein Pförtnerhäuschen befindet. Es gibt einen öffentlichen Trinkwasserbrunnen. Die meisten Leute bewohnen kleine Häuser mit Strohdach.

Bronzegießer bei der Arbeit. Im Hintergrund ein Brennofen für die Tonformen. Die geschmolzene Bronze wurde in die Tonform hineingegossen. Sobald sie erkaltet und fest geworden war, brach man sie auf.

1936 entdeckten Archäologen in einer einzigen Grube 17 000 Orakelknochen und Panzer.

Der Weise berührte mit einer heißen Nadel den Knochen oder Panzer, welcher durch die Hitze zerriss. In der Form des Risses glaubte man eine Botschaft zu erkennen, die von dem Weisen gedeutet wurde. Die Antworten auf die Fragen des Ratsuchenden ritzte er als kleine Figuren in den Knochen. Diese Figuren sind die frühesten bekannten chinesischen Schriftzeichen. Experten gelang es anhand dieser Zeichen die Namen der Shang-Könige herauszubekommen. Anfangs konnten nur die Wahrsager diese „magischen Zeichen" lesen, die bereits viele, dem heutigen Schriftchinesisch ähnliche Symbole enthielten.

BRONZEGIESSEN

Eine weitere Gruppe Menschen bewahrte ein Geheimnis. Es handelt sich hierbei um die Metallarbeiter. Die Shang-Chinesen stellten Bronze her, eine Legierung (Mischung) aus Kupfer und Zinn.

Mit dieser neuen Technik fertigte man reich verzierte Gefäße für die Könige an, die Ausdruck ihres Wohlstands waren und kultischen Zwecken dienten. Die Gießereien stellten auch Bronzewaffen, wie Speere und Hellebarden (axtähnliche Waffen an langen Holzstielen) her.

Die Bronzewerkstätten lagen neben dem Palast des Königs, der so seine Handwerker ständig überwachte. Töpfer, Steinmetze und Jadeschnitzer arbeiteten ebenfalls in königlichen Betrieben. Die Klasse der Handwerker stand vom Ansehen her über den armen Bauern, jedoch unter den adeligen Kriegern, die Höflinge und Feldherren des Königs waren.

KOCHGERÄT

Schon in der Steinzeit wurde in China getöpfert, zur Shang-Zeit verfeinerte man die Töpferkunst. Wertvolle Gefäße waren hübsch verziert, im Alltag aber hantierte man mit schlichtem Gerät. Gekocht wurde in dem so genannten ding, einem auf drei hohlen Beinen im Feuer stehenden Topf. Er war innen unterteilt, sodass man mehrere Speisen gleichzeitig zubereiten konnte. Dieser Gefäßtyp aus drei zusammenhängenden Lehmtöpfen tauchte erstmals in der Steinzeit auf.

Ein bronzener Weineimer aus der Shang-Periode. Die zarten Verzierungen deuten darauf hin, dass er vermutlich bei Opferfeiern und anderen Ritualen benutzt wurde. Die Shang-Chinesen waren in der Bronzeverarbeitung weltweit führend.

EIN SHANG-BEGRÄBNIS

Auf der Folie kann man erkennen, wie Menschen und Tiere zusammen mit dem König in der Grube begraben werden. Die Doppelseite verdeutlicht die Anordnung innerhalb der Grube und zeigt, wie der heilige Ort hinterher aussieht. Im Detail sieht man die Grabkammer des Königs und seinen Wagen.

Ein Shang-König wurde zwischen seinen Schätzen und Streitwagen beerdigt. Um ihn herum lagen verstreut die Körper von Tieren, Gefangenen und Sklaven.

DIE GRÄBER VON ANYANG
Die Königsgräber von Anyang enthüllten Pracht und Schrecken der Shang-Zeit. Die Begräbnisstätte der Shang-Könige bestand aus 11 königlichen Gräbern und über tausend weiteren Grabmalen.

Jedes Grab war eine große, kreuzförmig in Nordsüdrichtung angelegte Grube. Rampen führten hinunter, auf denen die Tiere und Menschen kamen, die geopfert werden sollten um den König in seinem nächsten Leben zu begleiten. Gefangene Soldaten, Sklaven, Stallburschen, Kutscher, Frauen, Pferde, Ochsen, Schweine, Rehe und Hunde wurden getötet und in die Grube gelegt. Um den König herum arrangierte man alle Dinge, die er im nächsten Leben benötigen würde. Einen Ehrenplatz bekamen Schätze, wie bronzene Kessel und Waffen, geschliffener Jadeschmuck, Knochenschnitzereien, Tonwaren und Steinskulpturen. Bei Ausgra-

Dieser Bronzehelm war unter den Schätzen, die man in den Shang-Gräbern von Anyang gefunden hat.

bungen fanden Archäologen unter einem Sarg das Skelett eines Hundes, vermutlich Lieblingstier oder Jagdgenosse.

MENSCHENOPFER

Menschenopfer spielten bei Begräbnissen eine wichtige Rolle. Manche der Opfer waren Kriegsgefangene. Sie wurden wahrscheinlich enthauptet. Ihre Köpfe bekamen in der Gruft einen Extraplatz und zeugten von der Kampfesstärke des toten Königs.

Sobald der Leichnam des Königs hineingelegt war, wurde die Grabkammer abgedeckt. Die nach unten führenden Rampen bestückte man mit Bronzewaffen, Speisebehältern und rituellen Gefäßen. Weitere getötete Sklaven und Gefangene wurden in die Grube gelegt. Dann warf man Erde hinein, eine Schicht nach der anderen. Jede Schicht wurde von Sklaven festgestampft, bis ein solider Erdhügel das Grab verdeckte.

Die Begräbniszeremonie stand unter Leitung des neuen Königs. Er war meist der jüngere Bruder des Verstorbenen, nicht dessen Sohn.

Ausschnitt:
1. Grube mit dem Leichnam des Königs
2. Sklaven decken die Grube mit Planken ab
3. Geopferte Soldaten
4. Die Grube bewachender Soldat
5. Sklaven beim Bedecken der Grube mit Erde
6. Geopferte Soldaten werden platziert

AUFFÜLLEN DER GRABSTÄTTE

Überblick:
1. Zentrales Grabmal
2. Aufgeschüttete Plattform
3. Wartende Priester
4. Rampe zur Plattform
5. Kleiner Tempel
6. Priester und Weise

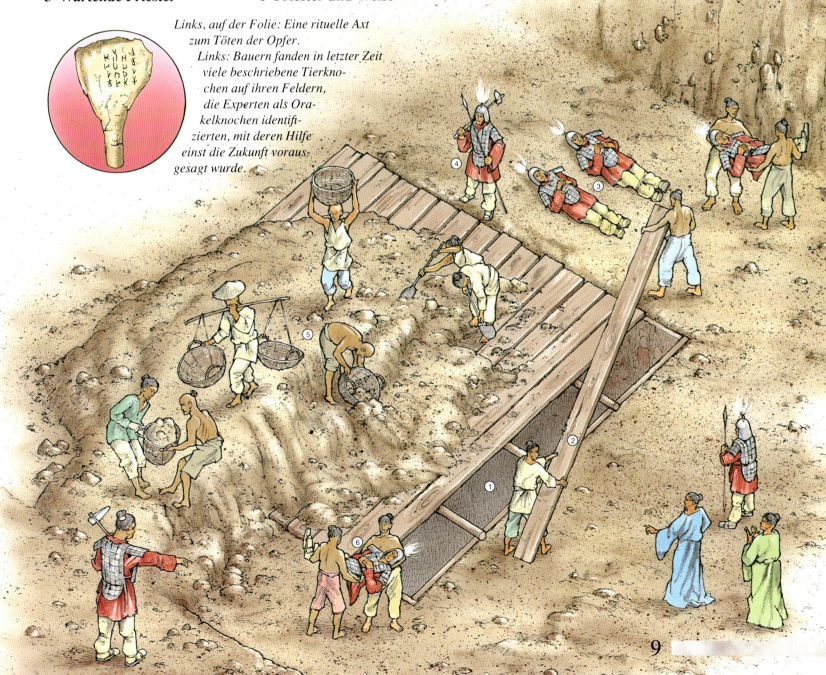

Links, auf der Folie: Eine rituelle Axt zum Töten der Opfer.
Links: Bauern fanden in letzter Zeit viele beschriebene Tierknochen auf ihren Feldern, die Experten als Orakelknochen identifizierten, mit deren Hilfe einst die Zukunft vorausgesagt wurde.

DAS LEBEN DER BAUERN

Die meisten Menschen in China waren arme Bauern. Sie ernährten sich von dem, was ihr kleines Stück Land hergab. Mittelpunkt jeder Gemeinschaft war das Dorf. Der König leitete die Zeremonien und bat um eine gute Ernte.

FELDFRÜCHTE UND TIERE

Die ersten Bauern in den Flusstälern Nordchinas bauten Hirse und Weizen an. Im wärmeren und feuchteren Süden wuchs Reis. Die Bauern hatten Schweine und Hühner. Für Kühe war kaum Weideplatz vorhanden, sodass es nur wenig Milch und Butter gab. Die Bauern hielten Ochsen und Wasserbüffel, die ihnen die Pflüge und Karren zogen.

Ein Bauer pflügt mit einem Ochsen. Pferde waren hierfür zu wertvoll, da sie im Krieg die Wagen ziehen mussten.

Das Dorf war im alten China der Mittelpunkt des Lebens. Ein Großteil des Landes war entweder zu bergig oder zu trocken für den Ackerbau, sodass die Bauern aus dem brauchbaren Land alles herauszuholen versuchten. Hier setzen Bauern junge Reispflanzen auf ein geflutetes Feld. Dieses Dorf war ein lokales Handelszentrum.

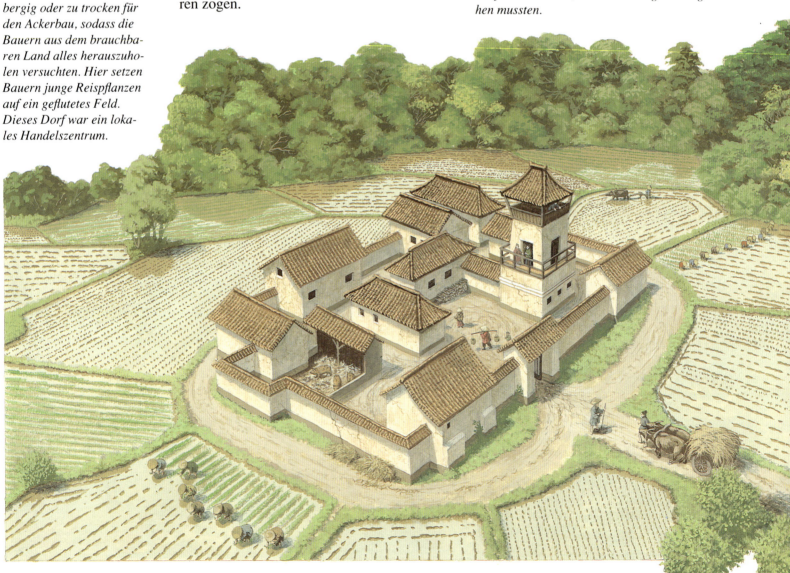

LEBEN IN DER GEMEINSCHAFT

In den Flusstälern lebten und arbeiteten die Menschen zusammen in Dorfgemeinschaften. Zur Bewässerung der trockenen Böden Nord- und Zentralchinas legte man Gräben und Kanäle an. Die Bauern waren quasi die ersten Ingenieure Chinas.

Wasser war lebenswichtig für das Leben im Dorf. In Reisanbaugebieten wurden die Felder mit den Reissetzlingen über ein Netz von Gräben mit Wasser versorgt. Mit dem Wasser wurden auch Fischteiche gespeist.

Da die wenigen Tiere nicht genug Stallmist zusammenbrachten, verwendete man statt dessen menschlichen Kot. Er wurde mit Wagen und Schubkarren auf die Felder gefahren.

KOMMUNALE GRÄBER

Die meisten Dörfer hatten einen Gemeinschaftsfriedhof, auf dem die Gräber der Vorfahren in Reih und Glied angelegt wurden. Zum unerschütterlichen Glauben aller Chinesen gehört der Respekt vor den Ahnen.

WERKZEUGE DER BAUERN

Selbst nachdem die Chinesen in der Herstellung von Bronze- und Eisengerät schon äußerst geschickt waren, benutzten viele Bauern weiterhin einfache Holz- und Steinwerkzeuge. Sie gruben, wie einst ihre Ahnen vor tausend Jahren, mit Holzstöcken und jäteten mit steinernen Hacken. Sie ernteten das Getreide mit Steinklingen und Sensen.

NEUE HERRSCHER

Die Shang herrschten über Chinas fruchtbarstes Land am Hwangho. Sie hatten deshalb Geld genug für siegreiche Armeen. Die Shang drangen in den Osten Richtung Meer vor und in den Süden bis an den Yangtse, Chinas zweiten großen Fluss. Andere Völker vertrieben sie oder verleibten sie ihrer Kultur ein.

Die Shang-Könige regierten, solange ihre Armeen Schlachten gewannen. 1122 v. Chr. endete die Dynastie. Chinesische Geschichtsschreiber schrieben später, der letzte Shang-König, Di Xin, habe jeden gefoltert, der ihn störte. Di Xin liebte es, Opfer auf gefetteten Balken über rot glühender Holzkohle balancieren zu lassen.

Schließlich stürzte er sich in die Flammen seiner lodernd brennenden Festung, als diese in die Hände der Feinde fiel. Sieger und neue Herrscher Chinas waren die Chou aus den Gebirgen des Westens.

Das Kommen und Gehen der Könige berührte den Alltag der meisten Chinesen kaum. An den jahreszeitlich bedingten Aufgaben der Bauern, wie pflügen, säen und ernten, änderte sich nichts.

Dieses Gemälde stammt aus dem 13.–14. Jh. und zeigt Bauern bei der Bewässerung ihrer Reisfelder. Einer schöpft Wasser mit Hilfe eines Eimers und Steckens, die anderen bedienen mit ihren Füßen eine mechanische Schraubpumpe. Reis wurde zunächst in Südchina angebaut, wahrscheinlich schon vor 3000 Jahren. Das Bild unten zeigt einen Mann beim Ernten mit der Sense.

DEM HERREN DIENEN

China wurde zum Feudalstaat. Der König war der oberste Herrscher. Er gab den Fürsten Land und erwartete dafür, dass sie einen Treueid leisten und ihm dienen. In ihrem Territorium hatten die Fürsten das Sagen und die absolute Macht über ihre Untertanen, meist Bauern.

DER FEUDALSTAAT

Jeder Adelige baute zum Schutz seines Landes Burgen und von Mauern umgebene Städte. Weltliche Adelige trugen Seide und Pelze. Sie stellten Musikanten und Gelehrte an, von denen sie sich unterhalten und unterrichten ließen. Eine Schule besuchten nur ihre Söhne.

Der Adel trachtete stets nach Gewinn und nach der Gunst des Königs. Diese Ziele ließen sich am besten durch siegreiche Feldzüge mit einem Heer von Bauernsoldaten erreichen. Die Bauern arbeiteten für ihren Lehnsherren und waren seine Sklaven.

An der Spitze der chinesischen Aristokratie standen die „Herzöge", an niedrigster Stelle die „Barone". Den Adeligen folgten Landbesitzer und Gelehrte. Dann kamen Bauern und Handwerker. An allerunterster Stelle rangierten die Kaufleute, die bis zur Sung-Dynastie (ab 960 n. Chr.) nur wenig Ansehen hatten.

Die einzigen, die lesen und schreiben konnten, waren die Gelehrten. Einige unterrichteten die Söhne der Adeligen. Andere reisten von Stadt zu Stadt oder arbeiten im Auftrag der Regierung.

Ein Müller mahlt Reis mit einem Mahlstein. So wird die harte Hülle der Reiskörner entfernt.

DIE MACHT DES KÖNIGS SCHWINDET

Mit der Zeit erhoben sich die Adeligen gegen die Chou-Könige. 771 v. Chr. griffen nomadische Reiter aus den Steppen der Mongolei die Chou-Hauptstadt Hao an. Der König floh. In dem nun folgenden Chaos gründeten die mächtigsten Fürsten eigene Staaten. Der Chou-König zog um in die neue Hauptstadt Lojang und war jetzt nur noch ein König unter vielen.

DIE KÄMPFENDEN STAATEN

In den folgenden 500 Jahren rangen in China eine Menge Staaten um die Macht. Trotz der Kämpfe wuchs der Reichtum Chinas. Es gab mehr Menschen und es wurde mehr angebaut. Eisenwerkzeuge, härter als Bronze, wurden hergestellt.

Der Verwalter des Lehnsherren inspiziert die Reisernte. Dieses Bild stammt aus der Zeit der Mongolenherrschaft. Die Anbaumethoden haben sich im Laufe der Jahrhunderte kaum verändert.

NEUE TECHNIKEN

Die Bauern schmiedeten eiserne Klingen und Spitzen für ihre Pflüge und stellten Hacken her. Eisen ließ sich besser schärfen und hielt mehr aus, sodass die Werkzeuge leistungsfähiger waren. Die Frauen nähten die Familienkleider nun mit Nadeln aus Eisen. Vor allem Eisenmesser waren ein wertvoller Besitz. Die Armen benutzten weiterhin Messer aus Bronze oder Stein und aßen mit Löffeln und Stäbchen aus Holz oder Knochen.

SPEZIELLES HANDWERK

Zu dieser Zeit entstanden spezialisierte Handwerkszünfte, wie Wagenmacher und Müller. Zu diesen gewieften „Mechanikern" gehörten auch die Stellmacher. Töpfer, Metallarbeiter und Goldschmiede fertigten für die Adeligen Luxusgegenstände an. Man entlohnte sie in Geld oder Naturalien. Auch die ersten Kanäle wurden in dieser Periode angelegt. Gelehrte reisten auf der Suche nach Adeligen durch das Land, die sich für ihre Ideen interessierten und sie anstellten. Gleichzeitig machte sich ein Heer von Beamten an die Organisation des Handels.

Der Krieg brachte noch eine wichtige Veränderung: Wurde ein Lehnsherr von seinem Rivalen besiegt, zahlten seine Bauern Steuern an den neuen Herren, anstatt für ihn zu arbeiten. Bronzemünzen kamen auf.

Ein Adeliger fährt im Wagen aus. Hinter den Mauern erhebt sich die Festung. Städte brauchten zu ihrer Verteidigung Mauern und Burgen. Im chinesischen Feudalstaat gab es viele Kriege, die meistens nur kurze Gerangel waren.

IM KRIEG

> „Ein Mann, der mit fünf Köpfen aus der Schlacht zurückkommt, wird Herr über fünf Familien..."
>
> — Xunzi

Ein Krieg begann im alten China oft durch Streit zwischen Fürsten. Deren Leute kämpften nach festgelegten Regeln von Streitwagen aus. Seit 300 v. Chr. lieferten sich allerdings gut ausgerüstete, riesige Heere wilde Schlachten. Die Chinesen hatten neue und bessere Waffen erfunden, wie z. B. die Armbrust. Der Philosoph Xunzi war entsetzt über den neuen Militarismus.

DIE „KÄMPFENDEN STAATEN"

Chinesische Historiker teilen die langen Kriegsjahre in zwei Abschnitte: Die „Frühlings- und Herbstperiode" (770–485 v. Chr.) und die Periode der „Kämpfenden Staaten" (485–221 v. Chr.). In der ersten Hälfte existierten viele kleine, von Fürsten beherrschte Staaten. In der zweiten bekämpften die stärksten Herrscher ihre schwächeren Rivalen, bis nur noch sieben Staaten übrig blieben. Chin und Chu waren die mächtigsten.

Bauernsoldaten hatten keine Rüstung und trugen einen Holzschild. Im Kampf waren solche Truppen den besser ausgestatteten Infanteristen und Reitern mit Schwertern und Bögen nicht gewachsen.

Teil der Terracotta-Armee aus dem Grab des Kaisers Shi Huang-ti um 210 v. Chr.

NEUE KAMPFMETHODEN

Diese beiden Staaten hatten Armeen von in China nie gekannter Größe. Sie schickten mehr als 100 000 Mann in den Krieg. Städte wurden monatelang belagert. Noch dazu waren die Chin absolut erbarmungslos. Bei ihnen war kein Platz für alte Ehrencodices. Nach einem Sieg töteten die Chin-Generäle 400 000 Gefangene.

Einige wenige Traditionen blieben. Die Feldherren befragten vor Schlachtbeginn weiterhin das Orakel und baten die Ahnen um Hilfe.

ANGRIFFE DER NOMADEN

In China bekriegten sich nicht nur die Staaten untereinander, sondern es gab zudem noch Attacken von außen. Von Norden und Westen fielen Nomaden ein. Sie waren nur leicht bewaffnet, hatten aber schnelle Pferde. Zur Abwehr dieser Überfälle bauten die Chinesen Grenzmauern. Deren Bruchstücke wurden später zu der berühmten Chinesischen Mauer verbunden.

ARMBRUST UND BOGEN

Im 4. Jh. v. Chr. entwickelten die Chinesen die Armbrust, eine gefährliche Waffe mit großer Reichweite, die wirkungsvoller als der Bogen der Streitwagenkämpfer war. Sie verfügte außerdem über einen bronzenen Abzugmechanismus. Die Armbrust war ideal um hinter einer Mauer sitzend den heranstürmenden Feind zu beschießen. Ihre Bögen hatten auch auf 200 Meter Entfernung noch die Kraft, einen Holzschild zielsicher zu durchschlagen. Selbst Reiter hatten keine Chance gegen geübte Armbrustschützen.

Der zusammengesetzte Bogen der Schützen und Streitwagenlenker bestand aus aneinander gebundenen Holz- oder Knochenstückchen. Die Pfeilspitzen waren aus Knochen, Bronze oder Eisen.

RÜSTUNGEN

Vieles, was man heute über die Soldaten im alten China weiß, hat man anhand der Terracotta-Krieger gelernt, die im Grab des ersten Chin-Kaisers gefunden wurden. Diese lebensgroßen Figuren zeigen kleinste Details. So trugen die Soldaten Leinenschals, damit ihre Rüstung nicht am Nacken reibt. Die Rüstung bestand aus zusammengefügten Metall- oder Lederplättchen.

SONSTIGE WAFFEN

Die ersten chinesischen Schwerter waren kurz und hatten einen umwickelten Griff. Geschickte Metallarbeiter fertigten schließlich Schwerter von einem Meter Länge. Bis ins 1. Jh. n. Chr. waren fast alle Waffen noch aus Bronze, später aus Eisen und Stahl. Die Chinesen kannten sogar schon verchromte, nicht rostende Klingen, die es im Altertum sonst nirgendwo gegeben hat. Archäologen fanden ein Exemplar, mit dem man auch nach 2000 Jahren noch ein Haar durchtrennen konnte.

Die Lieblingswaffe der Chinesen war die Hellebarde oder ko, die man vor den Schwertern zum Nahkampf verwendete. Sie hatte einen bis zu 2 Meter langen Holzstiel mit einem axtähnlichen Kopf.

Solche Waffen waren üblich, bis die Sung-Dynastie (960 n. Chr.) das Schießpulver hervorbrachte. Dann beherrschten Bomben und Raketen den Kriegsschauplatz.

Modell eines chinesischen Kavalleristen des T'ang-Reiches (618–907 n. Chr.). Pferd und Reiter tragen schwere Rüstungen. Für gute Reitpferde legten die Chinesen weite Wege zurück. Besonders schätzten sie Pferde aus dem Westen, die größer und schneller waren als die stämmigen chinesischen Ponys.

DER ERSTE KAISER

Tsch'eng, der Anführer der Chin, wurde 221 v. Chr. Herrscher von ganz China. Er war der erste Kaiser, der das gesamte Land unter sich hatte. Er wollte es so regieren, wie er den Chin-Staat regiert hatte. Chin war nun Chinas mächtigstes Königreich. Es hatte eine stabile Zentralregierung, verfügte über gute Bewässerungssysteme und ein starkes Heer. Von Chin leitet sich der Name China ab.

DIE VEREINIGUNG CHINAS

Tsch'eng war bekannt als der „Tiger von Chin". Er war ehrgeizig und skrupellos. Nachdem seine Rivalen besiegt waren, gab er sich einen neuen Namen: Shi Huang-ti, d. h. „Erster, erlauchter Kaiser", und machte sich an die Vereinigung Chinas. Er ordnete an, dass das ganze Volk dieselbe Sprache sprechen müsse. Gewicht, Maße und Münzen sollten einheitlich sein. Er führte eine Normbreite für Wagen gemäß der neu geplanten Straßen ein. Überall in China musste der Adel die Verantwortung für Recht und Ordnung, sowie die Umsetzung des kaiserlichen Willens in seinem Land übernehmen. Normale Bürger dienten als Soldaten zum Bau der Straßen, Kanäle und Befestigungsanlagen.

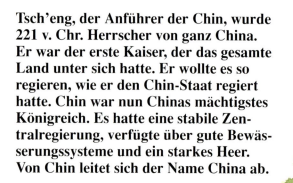

Bau der Chinesischen Mauer. Elefanten halfen bei der schweren Arbeit. Der größte Teil der Erd- und Steinmassen wurde allerdings von Menschenhand bewegt.

Der Erste Kaiser kannte mit seinen Widersachern kein Erbarmen. Die Bestrafungen reichten von Schlägen bis Enthaupten. Dieses Gemälde aus dem 19. Jh. zeigt, wie ein Gefangener in Ketten dem Richter zum Auspeitschen vorgeführt wird.

Das hier sind chinesische Münzen. Die ersten Münzen hatten Löcher, durch die man sie auf eine Schnur fädelte. Vor den runden und linsenförmigen Münzen waren Geldstücke in Spaten- oder Messerform im Umlauf.

DIE CHINESISCHE MAUER

Das gewaltigste Vorhaben des Kaisers war die Chinesische Mauer, auch bekannt als der „längste Friedhof der Welt", da ihr Bau durch Unfälle und Krankheiten unzählige Menschenleben forderte. Sinn und Zweck der Mauer war es, nicht nur Nomaden aus den Steppen fernzuhalten, sondern auch unzufriedene Chinesen am Flüchten zu hindern.

Die Chinesische Mauer verband kürzere Stücke alter Befestigungsmauern, die im Laufe der Jahrhunderte gebaut worden waren. Sie wurde vom Heer errichtet. Das Projekt war im Ganzen militärisch durchorganisiert. Versorgungslager wurden aufgeschlagen, die Nahrung und Material für die Gebirgs- und Wüstenregionen an der Nordgrenze bereitstellten, wo die Mauer entstand. Soldaten bewachten das riesige Gemäuer, verjagten Räuber und hinderten die Arbeiter an der Flucht.

Tausende von Bauern mussten ihre Felder verlassen, um beim Bau der Mauer zu helfen. Viele kamen niemals nach Hause zurück. Die Folge davon war, dass nichts mehr angesät wurde, das Korn blieb ungeerntet und viele Menschen litten Hunger. Der Preis war hoch. Das Volk hatte Ehrfurcht vor Shi Huang-ti, geliebt hat es ihn nie.

DAS GRAB DES KAISERS

Sein eigenes Grabmal war ein weiteres Riesenprojekt des Kaisers, mit dem sich 40 Jahre lang insgesamt 700 000 Menschen herumplagten. Handwerker fertigten in den Werkstätten das Heer der Terracotta-Soldaten und Pferde, die den toten Kaiser bewachen sollten.

Shi Huang-ti ernannte Hsienjang zur Hauptstadt und holte die Fürsten an seinen Hof um sie im Auge zu behalten. Er besteuerte selber deren Bauern und entsandte Beamte, die sich im ganzen Land um die Einhaltung der kaiserlichen Gesetze kümmerten.

DER BRUCH MIT DER VERGANGENHEIT

Der Kaiser ließ alle Bücher über „Literatur, Geschichte und Philosophie" verbrennen. Bücher mit „nützlicher" Thematik, wie Medizin oder Landwirtschaft, blieben verschont. Alte Traditionen unterstützende Gelehrte wurden verbannt oder hingerichtet.

Der Kaiser starb mit 50 Jahren. Seine Familie regierte nicht mehr lange. Liu Ki, ein Soldat aus einfachen Verhältnissen, kämpfte sich nach oben. 202 v. Chr. wurde er Kaiser und nannte sich Han Kao-tsu.

DIE RICHTIGE LEBENSWEISE

Die Chinesen hingen keiner festen Religion an. Sie hielten den Kaiser für Gott, verehrten aber auch ihre Ahnen und zahlreiche Naturgeister. Bei vielen Menschen mischte sich alter Glaube mit neuen Lehren, wie dem aus Indien kommenden Buddhismus. Chinesische Denker, wie Konfuzius, lehrten den richtigen Weg zu leben und zu regieren.

Diese bemalte Holztafel aus dem 6.–7. Jh. kommt aus dem chinesischen Turkestan. Es zeigt Roustein, den Gott der Seide.

Das Gemälde aus dem 18. Jh. zeigt Konfuzius mit seinen Schülern. Er predigte den Erhalt und die Ehrfurcht vor der Tradition. Er vertrat die Ansicht, dass jeder Herrscher den althergebrachten Prinzipien zu folgen habe. Unter Einhaltung dieser Prinzipien könne sich die Menschheit weiterentwickeln.

„Wissen kann man sich aneignen, Weisheit entsteht von selbst."

— Laotse —

Zur Zeit der „Kämpfenden Staaten" reisten Denker und Gelehrte durchs Land auf der Suche nach einer Anstellung. Die berühmtesten waren Konfuzius (ca. 551–479 v. Chr.), seine Schüler Menzius (390–205 v. Chr.) und Xunzi (315–236 v. Chr.), sowie Laotse (um 500 v. Chr.). Sie beschäftigten sich mehr mit der Verbesserung der bestehenden Regierungsform als mit Göttern oder „Himmel und Hölle".

KONFUZIUS
Konfuzius ist im Westen der Name für Kung-tse, der den Titel K'ung-fu-tse – Meister K'ung – erhielt. Es gelang ihm nicht Berater bei Hof zu werden. Seine Lehren aber wurden von seinen Schülern gesammelt und galten als Regeln für die rechte Staatsform und das Verhalten des Einzelnen. Seinen Ausspruch – „Wenn nicht mit unseren Mitmenschen, mit wem sonst sollen wir zusammenleben?" – kannte jeder Chinese. Ab 124 v. Chr. bekam jeder zukünftige Regierungsbeamte an der Kaiserlichen Universität eine Einweisung in den Konfuzianismus.

TAOISMUS
Konfuzius ging es nicht um Götter, sondern um von Menschen geschaffene Regeln und darum, ob der Mensch von Natur aus gut oder schlecht sei. Die Anhänger des Laotse hingegen glaubten, der Mensch werde nicht von seinen eigenen, sondern von den Gesetzen des Universums geleitet. Dies war der Grundsatz des Taoismus.

Zwei buddhistische Priester vor einem Steinbuddha. Um 500 v. Chr. kamen auf Wunsch des Kaisers Liang Wu-ti 3000 buddhistische Mönche aus Indien nach China. Er ließ Tempel und Buddhastatuen errichten, was das Ansehen des Buddhismus' in China mehrte.

Tao bedeutet „der Weg". Taoisten führten ein einfaches, von Meditation geprägtes Leben im Einklang mit der Natur. Taoismus war stark von altem Volksglauben beeinflusst. Seine Anhänger suchten mittels Magie, Gebet und Ernährung nach ewiger Jugend.

YIN UND YANG

Die Chinesen glaubten, dass in der Natur ein Gleichgewicht vorhanden sei. In allem erkannten sie zwei Kräfte: Yin und Yang. Yang war das Starke, Aktive, Helle und Männliche. Yin das Schwache, Passive, Dunkle und Weibliche. Obwohl so gegensätzlich, konnten die beiden Teile nicht ohne einander existieren. Das Symbol verdeutlicht es: Ein Kreis bestehend aus einer schwarzen und einer weißen Hälfte, die ineinander greifen.

BUDDHISMUS

Der Buddhismus kam im 1. Jh. n. Chr. von Indien nach China, als der Kaiser sich Kopien buddhistischer Schriften kommen ließ. Die Gelehrten lasen sie mit großem Interesse. Über Handelskontakte kamen aus Südostasien auch buddhistische Lehrer.

Buddhismus und Taoismus war vieles gemein: Beide sahen in Meditation und Selbstdisziplin den Weg zum ewigen Leben. Die Kaiser suchten politischen Rat bei Buddhisten, mit denen sie sich ihrer vermeintlich magischen Kräfte wegen umgaben.

Dieses Gemälde aus dem 12. Jh. spiegelt die Überzeugung wider, nach der es für Söhne tugendhaft ist dem Vater zu gehorchen. Männer wünschten sich viele Söhne, um von ihnen später als Ahnen verehrt und im nächsten Leben unterstützt zu werden.

CHINESISCHE BRÄUCHE

Ein Hochzeitszug. Frauen überreichten dem Mann und dessen Familie zur Hochzeit ein Geschenk oder ihre Mitgift. Ein Paar mit gleichem Nachnamen durfte nicht heiraten, da es möglicherweise dieselben Ahnen hatte. Rechtlich stand einem Mann nur eine Ehefrau zu. Viele Adelige und der Kaiser hatten jedoch Konkubinen und Zweitfrauen, die hinter der Erstfrau zurückstanden.

Die Chinesen hielten sich den unzivilisierten Steppennomaden gegenüber für das höher gestellte, begünstigte Volk. Allerdings wurden alle, die die chinesische Lebensweise akzeptierten, zu „Chinesen", egal wo ihre Heimat lag. Das chinesische Leben basierte auf Harmonie und Ausgleich.

EIN LEBEN IN HARMONIE

Das Streben nach einem Leben in Einklang mit der Natur berührte in vielfältiger Weise den chinesischen Alltag. Es wurde deutlich in der Auswahl der Speisen, in der zeitlichen Planung des Tages und in der Bauweise ihrer Häuser. Es war mit der Überzeugung verbunden, dass in jedem Ding ein eigener Geist stecke. Geister beseelten Berge und Flüsse, Wind und Regen. Sie wohnten im und ums Haus herum, in Öfen, Brunnen und Gemüsegärten. Man war sehr bemüht um ein gutes Verhältnis zu den Geistern.

Die Chinesen glaubten, dass die Seelen der Toten zurückkehren und wie die Raupen des Seidenspinners in einer Art Zyklus eine neue Gestalt annehmen. Viele akzeptierten bereitwillig die buddhistische Lehre von der Wiedergeburt.

FAMILIENLEBEN

Die Familie war das, was die chinesische Gesellschaft zusammen hielt. Das Bild einer Mutter mit Kindern ist ein altes, überliefertes Symbol für Glück. Verwandte Familien bildeten große Clans. Familienereignisse, wie Hochzeiten und Beerdigungen, waren geprägt von Ritualen und Feierlichkeiten.

Dieses Gemälde aus dem 12. Jh. zeigt Anhänger Buddhas beim Verteilen von Geschenken.

FEIERLICHKEITEN

Der chinesische Kalender richtet sich nach den Mondphasen und teilt das Jahr in zwölf Abschnitte, die jeweils den Namen eines Tieres tragen. Das neue Jahr beginnt zu Neumond zwischen dem 21. Januar und dem 19. Februar. Neujahr wird gefeiert wie ein Frühlingsfest, der richtige Zeitpunkt zum Heiraten oder für einen neuen Anfang. Man opfert den Geistern: Der Gott von Heim und Herd bekommt süße Kuchen, damit er kleine Fehltritte, die er im vergangenen Jahr vielleicht beobachtet hat, nicht ausplaudert! Kinder lauschen alten Drachenmärchen. Bei den Chinesen sind die Drachen keine Feuer speienden Ungeheuer, sondern Fabelwesen, die dem, dem sie wohlgesonnen sind, Glück und Reichtum bringen.

HOCHZEIT

Meist arrangierten die Familien Hochzeiten untereinander. Frauen wohnten nach der Hochzeit in der Familie ihres Mannes. Man behandelte sie dort als unwichtigste Person des Haushaltes. Ein Mädchen erbte nicht, wie ein Junge, den Besitz seiner Eltern. Eltern glaubten, durch einen Sohn nach dem Tod zu Göttern zu werden. Darum jubelten sie bei der Geburt eines Sohnes.

TOD UND BEGRÄBNIS

Auf chinesischen Beerdigungen kleidete man sich als Zeichen von Trauer in Weiß. Kinder trugen beim Tod ihrer Eltern dicke Kleider und fasteten. Im Frühling und Herbst besuchte man die Familiengruft, wo man aß und Speisen als Opfergaben brachte.

Während der Begräbniszeremonie legte man Häuschen und Boote aus Holz oder Ton ins Grab. Die Toten bekamen Speisen und Getränke, um im nächsten Leben nicht hungern zu müssen. Adelige hatten seidene Totengewänder. Man gab ihnen bemalte Schalen und Kästchen, Holzmodelle ihrer Diener, Kosmetika und Perücken mit, damit sie wieder jung aussehen würden.

Den Chinesen war es wichtig, den Körper zu konservieren. In einem Grab von 113 v. Chr. fand man ein Fürstenpaar in Anzügen aus Jade. Jeder Anzug bestand aus 2000 Einzelteilen, die durch mit Gold oder Seide umsponnenen Silberfäden zusammengenäht waren. Von Jade glaubte man, sie könne einen Körper erhalten, doch fand sich im Innern der Anzüge nur noch Staub.

Dieses Bild aus dem 19. Jh. zeigt Familien beim Feiern einer Hochzeit. Am Tag der Hochzeit zieht die Frau aus ihrem Elternhaus in ihr neues Heim. Nach einer Zeremonie zur Anbetung der Ahnen und Hausgötter des Ehemanns servierte sie ihrer neuen Familie demütig Tee.

KUNST UND BILDHAUEREI

Die Chinesen frönten der Kunst bei öffentlichen Ritualen und auch privat. Sie liebten Volksmärchen, Gedichte, Malerei, Musik und Tanz. Gebrauchsgegenstände aus Ton, Metall und Jade stellten sie mit großer Sorgfalt her. Edelste Stücke, von Shang-Bronzen bis zu Ming-Vasen wurden mit auf der Welt einzigartigem Geschick gefertigt.

MALEREI

Seit dem 4. Jh. v. Chr. gestalteten chinesische Maler kunstvolle Bilder auf Seide. Später nahmen sie Papier, eine chinesische Erfindung. Landschaftsmalerei kam um 900 n. Chr. in Mode. Ruhige Gebirgsszenen mit Flüssen und Wasserfällen zeigten die Harmonie zwischen Natur und Mensch. Solchen Gemälden lagen die Ideen der Philosophen und Dichter zu Grunde. Die Künstler malten neben Tieren, wie Fischen, Insekten und Vögeln auch Portraits.

Zu ihren besonderen Fähigkeiten zählte die Kalligraphie – eine mit feinen Pinseln und Tinte ausgeführte Schriftkunst. Sie war genauso wichtig wie die Malerei.

Teil der diamantenen Sutra-Schriftrolle, einem der ältesten Bücher der Welt. Sie wurde 868 n. Chr. in China angefertigt. Sieben Blätter sind zu einer Schriftrolle zusammengeklebt. Jedes Blatt war mit Hilfe eines geschnitzten Holzblockes bedruckt worden. Der Text enthält buddhistische Weisheiten.

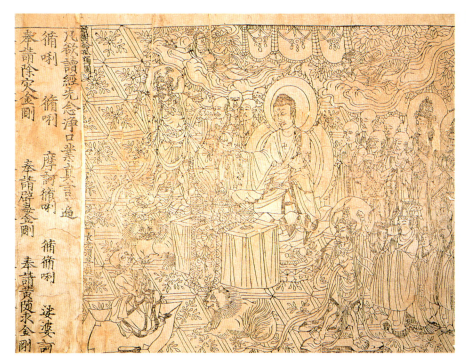

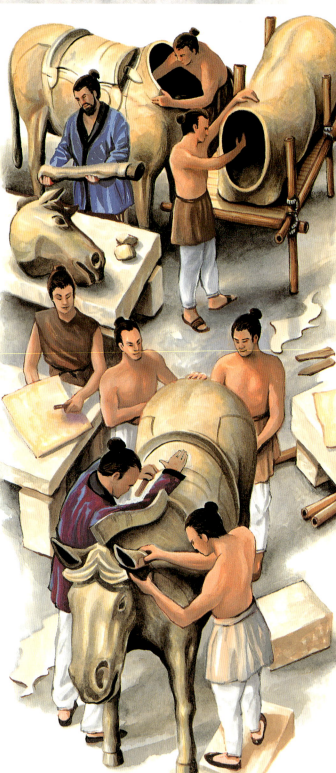

Der Erste Kaiser wurde zusammen mit einem Heer von Terracotta-Soldaten und -Pferden beerdigt. Viele Arbeiter setzten die Tonmodelle aus Fertigteilen zusammen.

TÖPFEREI UND GRABBEIGABEN

Die Chinesen töpferten schon seit 2000 v. Chr. mit Drehscheiben. In der Zeit der T'ang-Dynastie erfanden sie das erste Porzellan. Diese zarte, bemalte Töpferware wurde im Westen unter dem Namen „China" bekannt. Chinesisches Porzellan und Seide waren überall hoch geschätzt. Als die Europäer im 16. Jh. begannen nach China zu segeln, blühte der Handel mit diesen Produkten auf. Der chinesische Stil wurde in Europa modern und er fand sich in Gärten, bei Geschirr und Möbeln.

BILDHAUEREI UND SCHMUCK

Zur Han-Zeit stellte man außerhalb der Gräber große Steinfiguren auf. Mit dem Buddhismus begann in China die Herstellung riesiger Buddhastatuen. Obwohl diese manchmal bis zu zehn Meter hoch waren, waren sie so filigran gearbeitet, als hätte man sie mit einem zarten Pinsel gemalt. In der Sung-Dynastie schufen die Bildhauer niedliche Holzfigürchen, während die Grabstätten der Ming-Kaiser von gigantischen, steinernen Bestien bewacht wurden.

Mit ebensolchem Geschick stellten die Künstler komplizierte Jadeschnitzereien sowie Gold- und Silberschmuck her. Oft kopierten sie alte Muster, sodass ein Stück aus dem 12. Jh. von einem tausend Jahre älteren kaum zu unterscheiden ist. In der Sung-Zeit perfektionierten sie die Seidenweberei. Gemälde wurden auf Seidentapeten übertragen.

LITERATUR UND THEATER

Die älteste chinesische Literatur sind Gedichte und Lieder von 1480 v. Chr. Die Lehrbücher des Konfuzianismus – die Fünf Klassiker – galten als Beispiele für vollkommene Schreibkunst. Sie stammen aus dem Jahre 600 v. Chr. und beinhalten Gedanken, Lieder und Gedichte. Die größten chinesischen Dichter, unter ihnen Huang Wei, Li Po und Tu Fu, lebten zur T'ang-Dynastie (618–907 v. Chr.). Sie schrieben über Liebe, Trinkgenüsse und die Torheit des Krieges. Die Chinesen druckten als Erste bereits im 9. Jh. n. Chr. Bücher.

Das Theater entwickelte sich seit dem 13. Jh. n. Chr. Chinesische Theaterstücke verbanden Gesang mit Tanz, ähnlich der Oper. Man las auch Prosa. Der bekannteste Roman ist *Reise nach Westen* (oder *Affe*) aus dem 16. Jh., verfasst von Wu Cheng-en. Er macht sich darin auf amüsante und oft schlüpfrige Weise über die Taoisten lustig.

MUSIK

In China wird, anders als in der westlichen Musik, nicht eine Acht-Ton-, sondern eine Fünf-Ton-Skala benutzt, sodass ein ganz anderer Klang entsteht. Gongs, Trommeln und Flöten waren gängige Instrumente.

Künstler malten Menschen bei der Arbeit. Dieses Seidenbild aus dem 15./16. Jh. zeigt, wie ein Mann mit Hilfe geschickter Kormorane fischt. Noch heute lassen chinesische Fischer diese Vögel für sich nach Fischen tauchen.

Keramikmodelle von zwei Prinzessinnen aus der T'ang-Periode (7.–10. Jh.). Sie sind nach der damaligen Mode gekleidet, tragen kunstvolle Frisuren, enorm lange Ärmel und nach oben gebogene Schuhe in Lotusform.

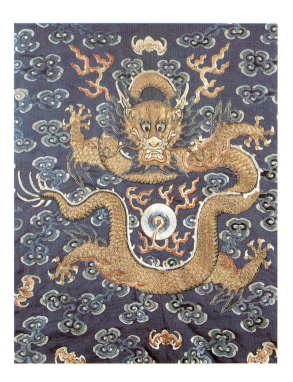

Seidenstickerei aus dem 19. Jh. auf einem offiziellen Gewand der kaiserlichen Familie und der Beamten, der Robe des Blauen Drachens. Fledermäuse stehen für Glück. Verschiedene chinesische Figuren wurden in den Stoff gewebt, beispielsweise die Zeichen für Freude und Schicksal.

DAS HAUS EINES ADELIGEN

Ihr Haus war chinesischen Adeligen äußerst wichtig. Zeigte es doch ihren Wohlstand und gesellschaftlichen Rang. Diese Zeichnung wurde nach Tonmodellen rekonstruiert, die man in Han-Gräbern gefunden hat. Diese Modelle sollten dem Verstorbenen im nächsten Leben helfen sich „wie zu Hause" zu fühlen.

HOLZBAUWEISE

Die meisten chinesischen Häuser waren aus Holz. Das Dach ruhte auf einem Holzrahmen. Die Außenmauern bestanden aus Ziegeln oder leichterem Material. Dies konnte mit Lehm verputztes Bambusgeflecht sein. Die Innenwände waren beklebt und bemalt.

Die Chinesen nahmen zum Hausbau lieber Holz als Steine, die sie für „unnatürlich" hielten. Auch gab es bei Erdbeben durch die Holzbauweise geringere Schäden und weniger Verletzte. Es gibt in China nur wenige wirklich alte Gebäude. Die meisten alten Häuser und Paläste wurden zu Gunsten neuer Gebäude abgerissen.

Dieses Haus hat die typischen chinesischen Dachvorsprünge. Sie lassen den Regen gezielt an den Mauern herunterrinnen und spenden im Sommer wohltuenden Schatten. Die Enden der Dachstützen waren oft nach oben gebogen und reich verziert.

ARM UND REICH

Das Haus eines Adeligen war viel größer als die ein-

stöckigen Bauernhäuser. Es war vielmehr ein eleganter Pavillon, dessen verschiedene Ebenen man über Treppen erreichen konnte. Die um das Haus führende Mauer begrenzte den Innenhof. Man betrat ein typisches Stadthaus von der Straße her. Der Eingang zu einer Landvilla hingegen lag inmitten der Felder. Innerhalb der Mauern erstreckte sich für gewöhnlich ein Garten mit Fischteich. Wohlhabende Adelige hatten Geld für richtige Dachziegel. Der normale Bürger deckte sein Dach mit Stroh.

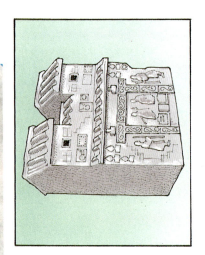

Solche kleinen Modellhäuser aus Ton waren Grabbeigaben, die den Lebensstatus des Verstorbenen widerspiegelten und ihm im nächsten Leben von Nutzen sein sollten. Auf der Folie kann man sehen, wie die Häuser zur Han-Zeit aussahen.

1 Unterbau aus Holzträgern
2 Außenwände aus Ziegeln oder getrocknetem Lehm
3 Überhängende Dachvorsprünge
4 Typische Dachverzierung
5 Dachziegel als Zeichen von Reichtum
6 Oberstes Dach – ruhiger Leseplatz und Wachturm
7 Obere Zimmer zum Empfang der Gäste
8 Männer beim Brettspiel
9 Herrin mit einem Hausmädchen
10 Essen wird serviert
11 Gefliesete Eingangshalle

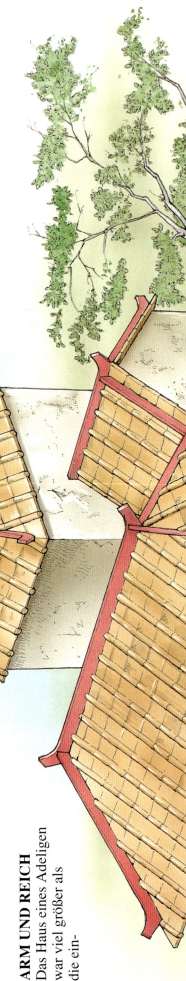

Das typische chinesische Haus war aus Holz- oder Bambuspfählen gebaut, auf denen das abschüssige Dach ruhte. Die seitlichen Wände bestanden aus leichtem Material.

ARM UND REICH

Diener wohnten im Erdgeschoss, wo auch die Küche lag. (Arme Leute kochten oft außerhalb des Hauses unter freiem Himmel). In den Räumen darüber traf sich der Herr mit Freunden, aß und regelte Geschäftsangelegenheiten. Den Frauen und Kindern waren die oberen Gemächer vorbehalten, von denen aus sie die Straße beobachten konnten. Die Frauen widmeten sich der Hausarbeit. Sie nähten, webten und schafften Lebensmittel und Wein für Gäste heran. Wenn sie das Haus verließen, fuhren sie in Pferdekutschen oder ließen sich von Dienern in einer Sänfte tragen.

Die Adeligen der Han-Zeit waren gute Soldaten. Die Bauweise ihrer Häuser erinnert an die Zeit der Kriege, als die Häuser der Adeligen zugleich Festung und Wohnhaus waren.

CHINESISCHE STÄDTE

China hatte die größten Städte der Welt. In Europa waren die mittelalterlichen Städte teils so mächtig, dass Stadtoberhäupter die Stellung des Königs anfochten. In China waren Städte das Zeichen kaiserlicher Macht. Anders als die Bauern probten die Stadtbewohner in China fast nie den Aufstand.

NEUER HERRSCHER, NEUE STADT

Wechselte die Herrscherfamilie, wurde meistens der Bau einer neuen Hauptstadt angeordnet. So wählte beispielsweise der erste Han-Kaiser als neues Zentrum Ch'ang-an und löste damit Hsienkang als alte Kaiserstadt ab.

Ch'ang-an war wie alle chinesischen Städte von über 20 Kilometer langen Mauern umgeben, die stellenweise 18 Meter hoch und bis zu 15 Meter dick waren. Dahinter fühlte man sich sicher.

DIE KAISERSTADT

Der Kaiser lebte mit seinem Hofstaat im Zentrum und südlich der Stadt. Kaiserliche Handwerker und Diener lebten im Nordwesten. Alle übrigen Menschen bewohnten den Nordosten, während die Händler außerhalb der Stadtmauern lebten.

Ch'ang-an war mehrfach Kaiserstadt. Es wurde 25 n. Chr. zerstört, war aber im 6. Jh. wieder Hauptstadt. Vieles musste neu aufgebaut werden. Man legte eine 145 Meter breite Straße durch die Stadt. Die beiden Viertel jenseits der Straße hatten eigene Märkte und eine eigene Polizei. Mit Bäumen gesäumte Alleen teilten die Wohnviertel in Blocks auf. Es gab öffentliche Parks und Grünflächen.

Ch'ang-an war größer als Rom und somit die größte Stadt der Welt. Es zählte eine Million Einwohner und war schwer zu regieren. Beispielsweise mussten die Beamten über 400 Markthändler dahingehend kontrollieren, ob sie ihre Ware auch mit den vorgeschriebenen Gewichten abwogen.

Straßenverkäufer gab es in allen chinesischen Städten. Dieses Gemälde zeigt Kunden in einem Straßenrestaurant.

Ausschnitt aus dem Seidenbild „Frühlingsfest am Flussufer". Es stammt ungefähr von 1100 aus der Sung-Periode und zeigt das bunte Treiben in einer Stadt, vermutlich Kaifeng. Käufer und Händler feilschen in den Buden am Fuß der höheren Gebäude.

Über tausend Jahre zurück liegt diese lebendige Szene aus Ch'ang-an. Jeden Tag trafen Reisende aus entfernten Regionen, Bauern und Händler ein. Zauberhafte Brücken führten über die Kanäle. Am Straßenrand standen Türme und vornehme Häuser. Tag und Nacht waren Restaurants und Teesalons mit Menschen überfüllt, die die vielseitigen Unterhaltungsangebote der Stadt genießen wollten.

Jede Straße war bekannt für bestimmte Erzeugnisse (wie Fisch, Geflügel, Arznei, Töpfe usw.). Händler schlossen sich zu Gilden zusammen, die ihre Interessen wahrten.

LEBEN IN DER STADT

Weitere Städte wuchsen fast auf die Größe Ch'ang-ans heran, darunter Kaifeng, die nördliche Hauptstadt der Sung (960–1126) und Hangtschou (Hauptstadt von 1128–1276). So gut geplant wie Ch'ang-an war jedoch keine. Alle waren überfüllt. Es gab kaum unbebaute Flächen. In den dicht stehenden Holzhäusern kam es oft zu Bränden. Bettler, Taschendiebe und Räuber gab es zuhauf. Die Städte zogen jedoch auch die Reichen mitsamt ihrem Prunk an. Selbst der an den Glanz Venedigs gewöhnte Marco Polo war stark beeindruckt vom Luxus in Hangtschou.

STADT UND LAND

Die meisten Chinesen lebten in Dörfern auf dem Lande. Wenn sie zum Verkaufen in die Stadt kamen, bestaunten sie scheu die mit Ziegeln gedeckten Häuser und die quirligen Teesalons. Sie bewunderten die Musikanten, Puppenspieler und Zauberer.

ALLTAG

Die Armen verbrachten die meiste Zeit des Tages mit Anbau und Zubereitung von Nahrungsmitteln oder arbeiteten schwer als Bergarbeiter und Lastenträger. Ihnen blieb nur wenig Freizeit und kein Geld für Luxus, wie z. B. edle Kleider. Die Wohlhabenden führten ein angenehmes Leben, genossen die Vorzüge ihrer Häuser und Gärten. Reiche hatten einen ganz anderen Tagesablauf als Arme.

NAHRUNG

Die Chinesen richteten sich mit ihrer Ernährung stets nach ihrem momentanen Gemütszustand. Ein Koch passte z. B. Speisenfolge und Zubereitung dem Befinden der Familie oder auch dem Wetter an.

Arme Leute aßen sehr einfach. Ihre Hauptnahrungsmittel waren Reis, Hirse oder Weizen, Gemüse und Bohnen. Wenn es bei ihnen Fleisch gab, dann meist Huhn, Pferd oder Wildvögel. Fisch aus Teichen, Flüssen oder Kanälen war schmackhafter Luxus.

EIN REICHHALTIGES MENÜ

Reiche Familien hatten eine größere Auswahl, auch in Bezug auf Fleisch (Schwein, Lamm, Reh, Ente, Gans, Taube). Weitere Tiere, wie Schlangen, Hunde, Schnecken und Spatzen, kamen auf den Tisch. Die Köche würzten mit Ingwer und Zimt und verfeinerten die Speisen mit Salz, Zucker, Honig und Sojasoße. Zu den beliebtesten Gerichten zählten gedünstetes Brot (Dünsten war eine gängige Zubereitungsmethode), Honigröllchen und Nudeln. Gemüse und Früchte waren immer dabei. Schon damals gab es, wie heute noch die verschiedenen Chinarestaurants beweisen, regional unterschiedliche Küchen.

Man trank nur selten nicht abgekochtes Wasser, sondern bereitete eher heißen Tee. Weit verbreitet war auch Reiswein.

Städter kauften an Straßenständen Getränke und Snacks. Sie liebten Tee, Kuchen, Brot oder ein warmes Frühstück mit fritierten Kutteln.

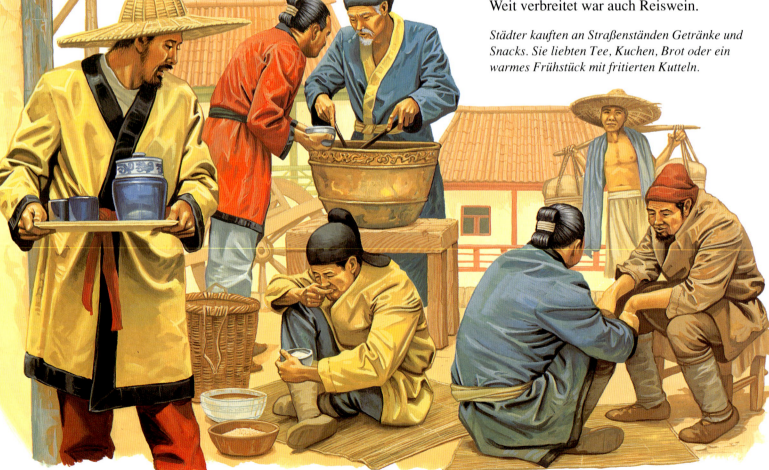

Dieser Ausschnitt eines Gemäldes aus dem 12. Jh. zeigt Gelehrte beim Speisen im Garten. Die Diener bereiten den Tee zu.

UMGANG MIT HITZE UND KÄLTE
Im Winter trug man dicke, wattierte Sachen. Warme Kleidung brauchte man besonders in Nordchina, wo die Winter sehr kalt werden können. Die Menschen heizten mit Kohle oder Holzkohle. Die beim Kochen entstehende heiße Luft leitete man in Ziegelsteinrohren zu Sitz- und Schlafplätzen. Im Sommer konnte es in den Häusern ziemlich stickig werden. Man entfernte dann das gewachste Papier aus den Fensteröffnungen und ließ frische Luft herein. Vornehme Damen schafften sich mit zart bemalten Papierfächern Abhilfe. Im Sommer aß man oft im Freien.

SAUBERKEIT
Die Chinesen liebten Bäder und wuschen sich mit Pflanzenseife. Allerdings hatten nur die Reichen Privatbäder. Die meisten benutzten öffentliche Bäder gegen eine kleine Gebühr. Die Häuser der Reichen hatten eigene Latrinen, ärmere waren auf kommunale Abflussrinnen und Misthaufen angewiesen. Dennoch empfanden Fremde die chinesischen Städte als auffallend sauber. Zum Waschen konnte man auf der Straße heißes Wasser kaufen. Abfälle wurden nachts gesammelt und vor die Stadt gekarrt. Die Chinesen benutzten zum Erstaunen aller Ausländer Toilettenpapier.

SPIELE UND HAUSTIERE
Am Abend nach getaner Arbeit erzählten sich die Armen Geschichten und spielten. Die Chinesen kannten Kartenspiele und das aus Indien stammende Schachspiel. Bei dem chinesischen Mah-jongg-Spiel benutzt man statt Karten kleine Kacheln mit Symbolen.

Adelige liebten die Jagd und Pferderennen. Die feinen Damen züchteten und steckten Blumen oder zogen Minibäumchen (Bonsai). Schoßhündchen, wie Pekinesen, waren bei ihnen sehr beliebt. Arme Leute hielten sich Singvögel oder Grillen in Holzkäfigen.

Auch in China konnte man Arme und Reiche schon anhand ihrer Kleidung unterscheiden. Der Kaiser und die Adeligen (links) hatten elegante Gewänder aus Seide und Baumwolle, im Winter Pelze. Kaufleute trugen Reisekleider, während die Robe der Gelehrten (Mitte) deren Würde unterstrich. Bauern (rechts) trugen grobe, ungefärbte Stoffe, die im Winter sehr warm hielten.

29

HANDEL UND REISEN

Um 1400 war China zeitweise eine gewaltige Seemacht und zugleich auch das mächtigste Land Asiens. Bis nach Ostafrika segelten die chinesischen Schiffe. Allerdings war es eher die als Seidenstraße bekannte Landroute, die die Handelswege Chinas mit dem Westen verband. Die Reisenden verbreiteten neben Waren auch Neuigkeiten.

Ein Seemannskompass. Chinesische Seeleute benutzten als erste zur Navigation eine Magnetnadel.

CHINA UND DIE WELT

Die größte Sorge Chinas war der Schutz der Nordgrenze. Die Kaiser fühlten sich hinter der Chinesischen Mauer sicher und scherten sich nicht um das, was dahinter lag. 138 v. Chr. entsandte Kaiser Wu eine Expedition Richtung Westen bis nach Afghanistan. Überrascht stießen die Chinesen auf große Städte und die Hochkulturen der Perser, Griechen, Römer und Inder.

Um das Jahr 100 v. Chr. machte sich ein 70000 Mann starkes chinesisches Heer auf den Weg ans Kaspische Meer und drang fast bis an die Grenzen des Römischen Reiches vor. Es traf jedoch nicht direkt mit den Römern zusammen. Stattdessen kam es mit ihnen über Zwischenhändler in Kontakt. Am begehrtesten war die Seide.

Kaufleute beim Handeln. Auf der Seidenstraße tauschten die Händler untereinander ihre Waren aus. Schließlich erreichten sie Persien, das das Westende der Seidenstraße kontrollierte. Seidenballen, Elfenbein, Jade, Gewürze und vieles mehr ruhten während der langen Reise auf dem Rücken der Kamele. Die Kaufleute reisten zum Schutz vor Überfällen in Gruppen. Ihr Weg führte sie durch Gebirge, über windgepeitschte Ebenen und Wüsten, in denen es am Tag heiß und nachts bitterkalt ist.

Händler besaßen meistens zweihöckrige Kamele, die trittsicher sind und Hitze wie Kälte gut ertragen.

DAS GEHEIMNIS DER SEIDE

Seide ist eine Faser, aus der Stoff hergestellt wird. Die Fäden stammen von den Kokons der Seidenspinnerraupen. Seide ist ein sehr edler Stoff, der warm, leicht und weich, doch zugleich auch robust ist.

Die Chinesen entdeckten die Seide schon vor mindestens 3000 Jahren. Ihre Gewinnung war lange Zeit ein wohl gehütetes Geheimnis. In Europa wusste bis zum 9. Jh. niemand, wie man Seide macht.

DIE SEIDENSTRASSE

Im Ausland zahlte man enorme Preise für gefärbte Seide. Der Transport in den Westen war ein viele Monate dauerndes, schwieriges Unterfangen. Bei den hohen Preisen lohnte es sich für die Händler die Reise quer durch Asien zu riskieren.

Die Seidenhändler reisten auf einer Route, die später als Seidenstraße bekannt wurde. Sie war der berühmteste Handelsweg der Antike. Entlang der Seidenstraße transportierte Waren wechselten mehrfach den Besitzer. Nur wenige Händler nahmen die Strecke im Ganzen auf sich. Einer von ihnen war Marco Polo, der im 13. Jh. von Europa nach China reiste.

REISEN NACH AFRIKA

Die Chinesen fuhren auch zur See. Zwischen 1405 und 1433 leitete Admiral Cheng Ho sieben Entdeckungsreisen. Seine riesige Flotte bestand aus 300 Schiffen mit 27 000 Mann Besatzung. Er bereiste Südostasien, Sri Lanka, Indien, Arabien sowie Ägypten und erkundete die Küste Ostafrikas. Der chinesische Kaiser verlangte zwar von den dortigen Herrschern einen Tribut, Kolonien, wie die Europäer im 16. Jh., nahmen sie jedoch nicht.

Die Chinesen zeigten kaum Interesse an ausländischen Waren, außer Gold und Silber. Was konnten die Fremden auch an Unbekanntem bieten?

Auf dieser Karte sieht man den Verlauf der Seidenstraße. Von China aus führte sie durch Zentralasien und den Nahen Osten nach Italien – entweder in die Hauptstadt Rom oder bis zum Hafen von Venedig. Im 13. Jh., als Marco Polo sie bereiste, war sie durch die Mongolenherrschaft sicherer als je zuvor. Es gab Herbergen und Rastplätze am Wegesrand, wo sich die Reisenden stärken konnten.

Von Venedig aus (siehe Bild) bereisten die Händler die östliche Mittelmeerküste bis zu der Stelle, an der die Überlandroute nach China begann. Die Seidenstraße war mehr als 6000 Kilometer lang und führte von Persien quer durch Zentralasien bis zur Chinesischen Mauer.

KANÄLE UND DSCHUNKEN

Die kleinen Bilder zeigen, wie ein Boot von einer Wasserstandshöhe auf eine andere gehoben wird. Erst bewegt sich das Boot auf die Gleitrampe zu (unten). Die Winde zieht es hoch, bis es vorne in der Luft schwebt (unten rechts). Einen Moment lang balanciert es gefährlich. Beim Umblättern der Folie sieht man, wie es erst mit der Spitze (unten) und dann ganz ins Wasser rutscht (rechts).

In China transportierte man die Waren zu Wasser. Man baute ein Kanalnetz und erfand Schleusen, um verschiedene Wasserstandshöhen überwinden zu können. Die Dschunken, große Segelschiffe, transportierten die Waren entlang der Küste.

KANÄLE QUER DURCH CHINA
Kanäle dienten dem Transport von Lebensmitteln und der Versorgung des Militärs. Kanäle wie der Cheng Kuo (146 v. Chr.) waren für die Chin-Herrscher bei Feldzügen von großem Nutzen.

Auch für die Vereinigung Chinas waren die Kanäle sehr hilfreich. Der Neue Pien Kanal (618 v. Chr.) verband über bestehende Kanalstücke Nord und Süd. 610 v. Chr. wurde der erste Abschnitt des Großen Kanals eröffnet. Auf ihm transportierte man Getreide von den Feldern am Ufer des Yangtse nach Kaifeng und Lojang. Im 13. Jh. trieben mongolische Herrscher den Kanalbau bis nach Peking voran – was die Versorgung mit Getreide beschleunigte und ihnen die Kontrolle über das Yangtse-Tal ermöglichte. Die Ming-Herrscher bauten einen breiteren Kanal auf derselben Trasse, die heute noch benutzt wird.

1 **Ausladen der Fracht aus dem Bootsladeraum**
2 **Kleines Boot im seichten Wasser unterhalb der Rampe**
3 **Geneigte Rampe oder Gleitbahn**
4 **Winde zum Hochziehen der Boote**
5 **Kanalstation und Lagerhalle**
6 **Boot rutscht über die Rampe in den Bereich mit höherem Wasserstand**

DAS SCHLEUSEN

Die Kanäle grub man meist waagerecht, sodass unterschiedliche Wasserstandshöhen unumgänglich waren. Alle fünf Kilometer installierte man Blitzschleusen. Diese Tore kontrollierten über einen einfachen Holzblock den Wasserstrom. Um auf ein anderes Wasserniveau zu kommen, wurden die Boote mit einer Winde auf eine zweiseitige Gleitbahn gezogen. Beim von der Kante Kippen konnte das Boot leicht beschädigt werden. Oft fielen Plünderer über die Fracht her.

Im 10. Jh. erfand man die fortschrittliche Hammerschleuse. Sie hatte wie heutige Schleusen an jedem Ende Tore und konnte je nach Bedarf geflutet oder geleert werden um ein Boot auf ein anderes Niveau zu heben. Jede Schleuse überwand einen Meter Unterschied. So konnte ein Kanal durch mehrere Schleusen auf 30 m über Meeresspiegel gehoben werden.

KANALBAU

Schleusen ermöglichen den Kanalbau auch in bisher unerschlossenen Gegenden und verhinderten in heißen Sommern das Austrocknen der Kanäle. Um 1100 waren Lastkähne mit mehr als 100 Tonnen in Gebrauch. Als man im ausgehenden 14. Jh. auch in Europa Kanalschleusen baute, waren die Kanäle Chinas schon weit weniger frequentiert.

SEETÜCHTIGE SCHIFFE

Nachdem Ende des 13. Jh. mongolische Kaiser Peking zur Hauptstadt machten, fuhren die vollbeladenen, seetüchtigen Schiffe vermehrt in den Norden hinauf.

Die Chinesen bauten hervorragende Segelschiffe. Kein europäisches Gefährt war im Mittelalter annähernd so groß wie die größten Dschunken. Sie waren robuster und mit ihrem Heckruder leichter zu manövrieren. Es gab unzählige kleine, genauso robuste Boote aus Holzbrettern und Bambus.

Beim Umblättern der Folie sieht man, wie ein Boot über eine Gleitbahn geschleust wird. Das flache Boot wird über die Rampe von einem niedrigeren Niveau (links) auf ein höheres (rechts) gehievt. Die Szene zeigt außerdem den Bootsbau. Kleine Flussboote und große Segelschiffe wurden nach demselben Muster gebaut. Jedes Boot besaß einen kräftigen Rumpf mit Heckruder. Die Schleusen wurden zu geschäftigen Verladestationen. Träger benutzten für den Transport Karren und Schultertragen. Bootsbesitzer handeln mit Kunden über den Preis für die nächste Tour.

DIE KAISERHERRSCHAFT

Der Kaiser mit seinen Beamten. Der Kaiser durfte nur mit Familienmitgliedern und bürgerlichen Dienern in direkten Kontakt kommen.

„Er handelte mit äußerster Grausamkeit... er befahl, alle Verwandten, väterlicher- und mütterlicherseits, gefangen zu nehmen und hinzurichten."

Offizielle Geschichte über Kaiser Yung Le, 1402

Inmitten seiner ummauerten Hauptstadt und umgeben von Beamten und Generälen war der Kaiser von China eine unnahbare Gestalt. Am Hofe behandelte man ihn wie einen Gott. Chinas Beamtenschaft führte die Regierung.

FAMILIÄRE PROBLEME

Beamte und Minister berieten den Kaiser und führten seine Wünsche aus. Aber seine Macht war absolut. Oft war er mehr gefürchtet als geliebt und am Hof buhlte man um sein Vertrauen.

Am meisten Angst hatte ein neuer Kaiser stets vor seiner eigenen Familie. Für den Kaiser war es sehr schwer eine Frau zu finden. Er konnte keine ausländische Prinzessin heiraten, da China nur wenige Beziehungen ins Ausland unterhielt und kein Ausländer einen akzeptablen Status hatte. So musste er eine Frau aus den Reihen der höfischen Adelsfamilien wählen. Allzu oft

wurden die neuen Verwandten schwierig und anspruchsvoll, zettelten Verschwörungen und Intrigen an. Kaiser Wu (140–86 v. Chr.) reagierte drastisch und tötete die ganze Familie seiner Frau!

UNTERHALTUNG BEI HOFE

Um den Kaiser möglichst bei Laune zu halten wurde er üppig unterhalten. Im 15. Jh. bestand des Kaisers Küchenpersonal aus 5000 Dienern und Köchen. Musiker, Sänger und Tänzer überbrückten die Zeit zwischen den Mahlzeiten. Im kaiserlichen Zoo gab es exotische Tiere und in den Gärten des Palastes wuchsen seltene Pflanzen.

DAS BEAMTENTUM

Beamten waren stark an der Regierung beteiligt. Sie arbeiteten in der Hauptstadt, oder in den Lokalverwaltungen der Provinzen, die in kleinere von niedrigeren Beamten geleitete Bezirke aufgeteilt waren.

Wollte ein junger Mann Beamter werden, musste er die alle drei Jahre stattfindenden Prüfungen bestehen. Bestand er auf lokaler Ebene, ging es weiter auf provinzieller und schließlich auf nationaler. Alle Kandidaten mussten ihre Kenntnisse über die Lehre des Konfuzius unter Beweis stellen, was bedeutete, dass sie alle fünf Klassiker auswendig lernten.

Die Tests fanden, damit alles ehrlich zuging, abgeschottet von der Außenwelt in speziellen Räumlichkeiten statt. Soldaten hielten Wache und wurden in Silber belohnt, falls sie jemanden beim Schummeln erwischten. Die Kandidaten brachten zwei Tage quasi als Gefangene in engen Zellen zu, schrieben mit Feder und Tinte und lauschten auf die Seufzer ihrer Nachbarn.

Das Bestehen der Prüfungen garantierte jedoch keine Anstellung. Ein erfolgreicher Kandidat musste noch die Unterstützung eines älteren Beamten gewinnen, von dem seine Karriere abhängen würde. Ende des 15. Jh. gab es in China nur 100 000 kaiserliche Beamte. Auf einen neu ernannten Beamten kamen 3000 abgelehnte.

Dieser Ausschnitt eines Gemäldes aus dem 17. Jh. zeigt den Han-Kaiser Siuen Li mit Gelehrten beim Übersetzen klassischer Texte.

Alle Staatsbeamten mussten Prüfungen ablegen. Auf diesem Gemälde aus dem 18. Jh. sieht man Kandidaten bei den Prüfungen zum Bezirksmagistrat (Richter).

Manchmal ging der Kaiser auf große Reise um entlegene Teile seines Reiches zu besuchen. Dieses Gemälde zeigt die riesige Prozession, die Kaiser Kangzi während seiner Reise 1699 erwartet. Kangzi galt als vorbildlicher Herrscher. Er war ein Schüler des Konfuzius und respektierte die alten chinesischen Traditionen.

WISSENSCHAFT UND ERFINDUNGEN

Der chinesischen Lehre lag die Suche nach Erklärungen zugrunde, sodass die Chinesen sehr erfolgreiche Wissenschaftler waren. Unter ihren zahlreichen Erfindungen sind Regenschirm, Schubkarre, Abakus (Rechenbrett), Drachen, Papier und Schießpulver. Sie trieben Mühlen und Maschinen mit Wasserrädern an. Einige Dinge, wie den Kompass, übernahm man im Westen schnell.

Zinnwaschen im Fluss. Chinesische Bergleute gruben auch nach Kohle und bohrten mit Hilfe von Bambusrohr nach Salz und Erdgas.

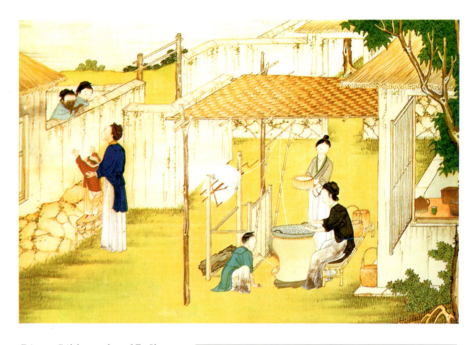

Dieses Bild aus dem 17. Jh. zeigt die Seidenherstellung. Frauen züchteten die Seidenraupen, wickelten die Seide von den Kokons, färbten und verwebten sie. Die Chinesen glaubten, dass Seidenraupen Angst vor Fremden haben und warnten die Insekten, wenn Gäste erwartet wurden.

> „Die Gebildeten glauben nichts, die Ungebildeten glauben alles."
>
> Chinesisches Sprichwort

REGIERUNG UND WISSENSCHAFT

Der Unterschied zwischen Wissenschaft und Magie war nicht immer eindeutig, aber normalerweise tolerierte die Regierung die Forscher. Beamte durften sich auch mit Wissenschaft beschäftigen. Chang Heng (78–139 n. C.) war sowohl Mathematiker und Astronom als auch Staatsdiener. Er errechnete den genauen Wert der Kreiszahl Pi, benutzte ein Gradsystem bei der Anfertigung von Landkarten und zeichnete mit einem Seismographen die Richtung von Erdbeben auf.

TECHNOLOGIE

Obwohl es massenhaft Arbeitskräfte gab, kamen die Chinesen immer sehr schnell auf Ideen, die ihnen die Arbeit erleichterten und beschleunigten. Eine ihrer Erfindungen war das Zaumzeug, ein Brustriemen, der im Gegensatz zum alten Nackengeschirr die Pferde nicht würgte. Sie erfanden die Schubkarre. Karren benutzte man in China schon seit dem 4. Jh. v. Chr., teils mit gehissten Segeln.

METALL UND MASCHINEN

Seit der Shang-Zeit arbeiteten die Chinesen mit Bronze. Sie machten seit dem 7. Jh. v. Chr. enorme Fortschritte bei der Guß- und Schmiedeeisenherstellung.

Zur T'ang- und Sung-Zeit nahm man Wasserkraft zum Antreiben von Mühlen und Schmiedehämmern. Auch die komplizierten Maschinen zur Stoffherstellung mit ihren Zahnrädern und Pleuelstangen wurden durch Wasserräder angetrieben.

Chinesische Schiffe waren besonders seetüchtig. In ihrem Rumpf gab es einige wasserdichte Abteile, so dass sie selbst mit Leck nicht so schnell sanken.
Die Sung-Flotte bestand aus mit Menschenkraft betriebenen Paddelbooten, die auf jeder Seite elf Räder und ein Rad hinten hatten. Sie waren mit Katapulten zum Schleudern von Schießpulverbomben bestückt.

KRIEG UND WAFFEN
Die Chinesen hatten neben guten Armbrüsten auch noch schreckliche Feuerwaffen – Flammenwerfer, Nebelwände und Schießpulver. Raketen wurden seit dem 10. Jh. v. Chr. sowohl aus Spaß als auch im Kampf eingesetzt. Im 17. Jh. hatte das Heer auf Schubkarren montierte Raketengeschütze.

DAS PAPIER
Im Jahre 105 v. Chr. verkündeten die kaiserlichen Werkstätten die Erfindung des Papiers, eine der glorreichsten Erfindungen der Chinesen. Auf Papier gedruckt wurde jedoch erst 500 Jahre später. Die Chinesen waren auch die Ersten, die mit Papiergeld zahlten.

Ein Erdbebenmelder. Bei Erschütterung begann ein Pendel zu schwingen, wodurch einer der Drachen seinen Ball verlor, der dann in das Maul des darunter sitzenden Indikatorfrosches fiel.

Auf diesem Bild aus dem 19. Jh. fühlt ein Arzt den Puls. Die Medizin fußte auf dem Grundprinzip von Yin und Yang. Ärzte setzten Akupunkturnadeln um an 365 Punkten des Körpers überschüssiges Yin oder Yang abzuziehen.

Diese astronomische Uhr von 1092 ist von Sa Sun aus Kaifeng. Sich bewegende Räder und Halbkreise zeigten die wechselnden Positionen der Sterne und Planeten.

UHREN
Zum Messen der Zeit nahm man Wasser- und Sonnenuhren oder man brannte markierte Räucherstäbchen ab. Man stellte auch Uhrfedern aus Bambus her, wie in der astronomischen Uhr oben, die mit Wasser angetrieben wurde und zur vollen Stunde schlug.

DAS MEER UND DIE SCHIFFE
Die Chinesen hatten den ersten Kompass. Sie befestigten einen natürlichen Magneteisenstein an einem Holzfischchen, das auf dem Wasser schwamm. Eine am Holz befestigte Nadel zeigte nach Süden.
Auf dem Meer steuerten die Chinesen ihre Schiffe mit Heckrudern, die besser waren als Seitenruder. Ruder wurden schon seit dem 1. Jh. v. Chr. benutzt, tauchten in Europa aber erst nach dem 12. Jh. auf.

EIN NEUES REICH

Unter der Sung-Dynastie erstrahlte China im Glanz der Künste und Wissenschaften. Im 13. Jh. jedoch fielen von Norden her schreckliche Feinde ins Land ein. Selbst Flammenwerfer und Raketen konnten die Horden mongolischer Reiter nicht aufhalten. Die Eindringlinge eroberten China im Sturm. Die Sung-Dynastie endete 1279 und Mongolenherrscher saßen fortan auf dem Kaiserthron.

> „Ihre Pferde sind so gut trainiert, dass sie sich auf ein Signal hin ohne Zögern in jede beliebige Richtung umdrehen können; diese schnellen Manöver haben ihnen viele Siege gebracht."
> — Marco Polo

DIE MONGOLEN

Die Mongolen waren, anders als die Chinesen, keine Bauern. Jeder Mongole war Soldat und ritt und kämpfte von Kindheit an. Er wusch sich nie und zog die rauhe Steppe den ordentlichen Städten vor.

Die Mongolen verbreiteten unter den Völkern Asiens und bis nach Europa Angst und Schrecken. Für die Chinesen waren es Barbaren, die selbst die Chinesische Mauer nicht zurückhalten konnte. Die Armee des Dschingis Khan radierte die nördlichen Grenzstaaten Hsia und Kin einfach aus. Um 1220 hatten die Mongolen weite Teile Nordchinas unter Kontrolle. Sie schienen unschlagbar zu sein. Ihre Armeen fielen über Russland her und nahmen 1258 Bagdad ein.

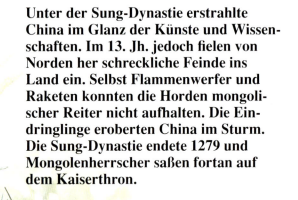

Mongolische Soldaten stürmen eine Stadtmauer. Über Leitern klettern sie die Mauer hoch und erklimmen die Belagerungstürme um auf die Zinnen zu kommen. Die Chinesen verteidigten sich hartnäckig, konnten die Angriffe der Mongolen aber nicht stoppen.

Die Mongolen saßen stets im Sattel und kämpften mit Pfeil und Bogen. Aber sie lernten schnell neue Methoden der Kriegsführung und wurden Belagerungsexperten. Sobald sie die chinesischen Waffen, wie Raketen und Kanonen beherrschten, waren sie noch gefährlicher.

Mongolische Reiter (rechts) als Illustration eines persischen Manuskripts. Im China des 14. Jh. versteckten Rebellen Zettel in für das Erntedankfest gebackenen Kuchen. Beim Anschneiden las man den Aufruf „Tötet die Mongolen" und griff gleich zu den Waffen.

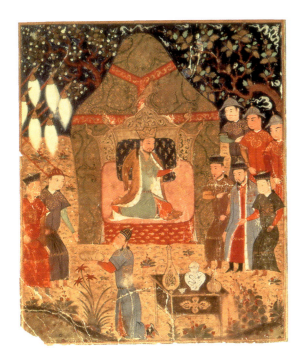

Dschingis Khan (1162–1227) gilt als größter Eroberer des Mittelalters. Dieses persische Bild zeigt ihn in seinem Zelt. Kublai Khan (1216–1294) war sein Enkel.

CHINA UNTER DEN MONGOLEN

Der letzte Sung-Kaiser starb 1279. Danach wurde China von Peking aus durch Kublai Khan, dem Führer der Mongolen, regiert. Die neue Mongolen-Dynastie, die Yüan, herrschte bis 1368.

Selbst Ausländer, ließen die Yüan wiederum Ausländer für sich arbeiten. Auch Marco Polo war darunter. Die neuen Herrscher führten einige nützliche Dinge ein, wie z. B. bessere Straßen und den Posttransport auf schnellen Pferden. An Landwirtschaft und Städten hatten die Mongolen jedoch keinerlei Interesse.

RUIN, ÄRGER, REVOLTEN

Das China, das in den Augen Marco Polos so großartig war, hatte kaum mehr etwas von seinem ehemaligen Glanz. Weise Ratgeber legten es den Mongolen nahe, freundlich mit den Chinesen umzugehen. Nur dann ginge es dem Land wieder gut. Andere Berater drangen darauf alle Chinesen umzubringen. Die Yüan-Kaiser hassten weiterhin alle ausländischen Herrscher.

Mitte des 14. Jh. zerbrach die mongolische Kriegsmaschinerie. In China florierten so genannte geheime Gesellschaften und Aufständische überfielen Lastkähne auf dem großen Kanal. 1367 führte der ehemalige Mönch Zhu Yuanzhuang eine Revolte an. Der letzte Mongolenherrscher floh. Zhu machte sich selber zum Kaiser und gab sich den Namen Ming Hong Wu.

Die Ming-Dynastie dauerte von 1368 bis 1644. In dieser Zeit begann der Westen erstmals sich in die Angelegenheiten Chinas einzumischen.

Die chinesischen Soldaten kämpften mit solchen Armbrüsten gegen die Mongolen. Es gab auch größere Armbrüste, die von mehreren Soldaten bedient werden mussten.

39

DIE VERBOTENE STADT

1421 beschloss Ming-Kaiser Yung Le, die alte Mongolenstadt Peking zu seiner Kaiserstadt zu machen. Diese Stadt im Norden wurde zum Herz Chinas. Innerhalb der Stadtmauern gab es die verbotene Stadt, das Anwesen des Kaisers und seiner Familie. Nur wenige Chinesen durften die Paläste und Parkanlagen betreten. Ausländer hatten absolut keinen Zutritt.

KAISERLICHE PALÄSTE

Die kaiserlichen Paläste in der verbotenen Stadt waren Ausdruck kaiserlicher Macht. Zehn Jahre lang waren eine Million Arbeiter mit ihrem Bau beschäftigt. Sie war von einem Wassergraben umgeben. Innen gab es zahlreiche ummauerte Höfe. Innerhalb der Mauern zeigte jede Terrasse und jedes Tor nach Süden. Das Meridian-Tor war ein Ehrfurcht einflößender Eingang, hinter den kein Ausländer treten durfte.

Diese Szene zeigt ein äußeres Eingangstor zur verbotenen Stadt, im Hintergrund das Tor der höchsten Harmonie, den Eingang zum Thronsaal des Kaisers. Die besten Künstler Chinas halfen bei der Gestaltung der verbotenen Stadt. Dachvorsprünge, Geländer, Bögen, Treppen und Tierskulpturen wurden mit größtem Geschick hergestellt. Um die vergoldeten Dachstützen wanden sich geschnitzte Drachen. Auf dem Boden waren glänzende weiße Marmorplatten verlegt.

1 Nebentempel
2 Tierstatuen aus Stein
3 Tor der höchsten Harmonie
4 Hölzerne Säulen
5 Geschnitzte und bemalte Holzverzierungen
6 Aus Stein gehauene Hofumgrenzung
7 Hofbeamte
8 Nebentempel

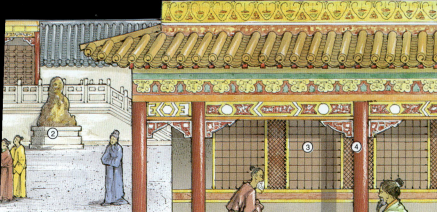

DIE GEHEIME WELT DES KAISERS

Hinter dem Tor lag ein riesiger, gepflasterter Hof, der quer von einem Fluss mit fünf Brücken durchflossen wurde. In der weitläufigen Halle der höchsten Harmonie empfing der Kaiser seine Gäste. Dahinter gab es noch einen Warteraum und einen Speisesaal. Ganz in der Nähe standen Opferaltäre, an denen der Kaiser zu Sonne, Mond und Erde betete.

Die kaiserliche Familie spazierte durch die Gärten und verweilte an Teichen, Pagoden und Pavillons. Einige auserwählte Gelehrte und Beamte lebten und arbeiteten in der Stadt. Der Kaiser selbst lebte in größter Abgeschiedenheit, bewacht von Eunuchen.

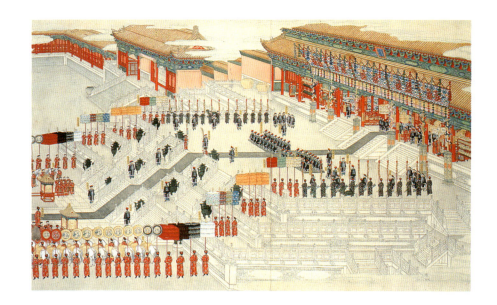

Dieses Gemälde veranschaulicht den kaiserlichen Glanz der C'ing- oder Mandschu-Periode (1644–1912). Beamte, Wächter und Reiter haben auf den Treppen der verbotenen Stadt in imposanter Weise Aufstellung genommen. In der Halle der höchsten Harmonie sitzt der Kaiser auf seinem Drachenthron. Die Paläste gehören architektonisch zu den fantastischsten Bauwerken Chinas. Die riesigen Gebäude sind teilweise bis zu 100 Meter lang. Sie bestehen aus hell angestrichenen Mauern mit roten Backsteinen und gelb bemalten Holzpfählen.

41

DER REST DER WELT

Chinesisches Porzellan, wie dieser Ming-Teller, war in Europa und Amerika hoch geschätzt. Hier sieht man zwei europäische Damen und einen Herren mit einem Chinesen und einem kleinen Mädchen. Ganze Schiffsladungen von derartigem Porzellan kamen aus China. Der chinesische Stil wurde in den Porzellanmanufakturen des Westens kopiert.

Die ersten Europäer, die in den chinesischen Häfen an Land gingen, wurden von den Chinesen wie Kuriositäten oder Piraten behandelt. China hatte kein Interesse am Westen, wohingegen der Westen Handelsverbindungen aufbauen wollte. Westliche Händler gierten nach Seide, Porzellan und Tee. Europäische Einflüsse führten schließlich zum Ende des Kaiserreiches.

MING UND C'ING

Die Ming-Dynastie endete 1644 mit der Eroberung Chinas durch Eindringlinge aus der Mandschurei. Diese neue Mandschu- oder C'ing-Dynastie war die letzte Herrscherfamilie Chinas. Die C'ing-Herrscher regierten genauso wie vorher die Ming-Herrscher.

WESTLICHE HANDELSSCHIFFE

Jahrhundertelang kamen in China sämtliche Eindringlinge stets über Land. Die Große Mauer war noch immer die Grenzlinie. Die Chinesen stoppten ihre Erkundungen zu Wasser. Nach 1551 war es sogar illegal mit großen Schiffen außerhalb des eigenen Hoheitsgebietes zu segeln.

China versuchte sich von der Außenwelt abzuschotten. Die aber zeigte immer mehr Interesse an China. 1514 kam das erste portugiesische Schiff, später holländische und englische. Man richtete Handelsstationen ein. Nur wenige Europäer wussten etwas über China und gaben sich kaum Mühe die Mentalität der Chinesen zu verstehen.

Ein Abgesandter der Dutch East India Company beobachtet das Verladen von Teekisten. Die Chinesen wollte keinen Handel mit dem Westen, konnten aber immer weniger dagegen tun.

CHINA UND DAS AUSLAND

Der erfolgreichste C'ing-Kaiser war Kangzi (1662–1722). Seine Armee eroberte Taiwan, die Mongolei und Tibet. China schien so mächtig wie nie zuvor zu sein, aber der Schein trog.

Anfangs gab die chinesische Regierung den Europäern nur einen Handelshafen frei, Kuangchou. Da diese ihre industriell hergestellte Ware in China nicht loswurden, begannen sie mit Opium zu handeln, einer von der chinesischen Regierung verbotenen Droge. Dies führte 1839 schließlich zum Opiumkrieg. China war unterlegen und sah sich gezwungen den Europäern fünf weitere Häfen zu öffnen und Hongkong an England abzutreten.

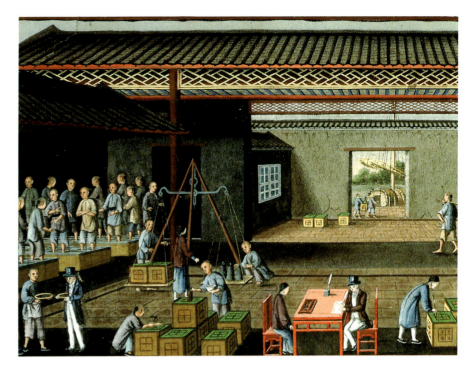

DAS ENDE DES KAISERREICHES

In den Jahren 1851 bis 1864 starben Millionen Chinesen in einem Bürgerkrieg, der Taiping-Revolution. China war den neuen Industrien und der militärischen Stärke des Auslands nicht gewachsen. Ende des 19. Jh. beschlagnahmten England, Russland, Frankreich, Deutschland und Japan chinesisches Territorium.

1900 gab es in China eine gefährliche Revolte gegen ausländische Einflüsse, bekannt unter dem Namen Boxer-Aufstand. Er verlief erfolglos. Die C'ing-Regierung versuchte Chinas Schulen und Fabriken zu modernisieren, aber es war bereits zu spät. 1912 riefen Revolutionäre unter Sun Yat-sen die Republik aus.

BÜRGERKRIEG UND KOMMUNISMUS

Es folgte ein langer und erbitterter Kampf zwischen Nationalisten und Kommunisten. 1937 fielen zusätzlich noch die Japaner in China ein. 1949 schließlich triumphierten die Kommunisten. Ihr Anführer, Mao Tsetung, führte China in ein völlig neues, für China einzigartiges Zeitalter.

Seitdem hat es viele Veränderungen gegeben: Die „Kulturrevolution" der 60er Jahre, Schritte in Richtung westliche Marktwirtschaft und Kampagnen zur Einführung der Demokratie. China ist heute Teil der modernen Welt – ein Riese der jetzt seine neue Stärke zeigt.

Dieses chinesische Bild um 1850 zeigt, wie Tee sortiert und zum Verpacken abgewogen wird. Tee war seit dem 18. Jh. auch in England sehr beliebt. Im 19. Jh. brachten schnelle, Clipper genannte Schiffe den Tee von China nach Europa.

Eine von drei chinesischen Kriegsdschunken geht unter dem Beschuss der Engländer während des Opiumkrieges in Flammen auf. Im 19. Jh. lagen die Chinesen weit hinter der westlichen Technologie zurück.

AUF DEN SPUREN DER GESCHICHTE

Nach vielen Jahren der Isolation unter kommunistischer Herrschaft ist China heute offen für Handel und Tourismus. Besucher laufen über die Chinesische Mauer und bewundern die Grabschätze der Kaiser. Die moderne Wissenschaft hat lang verschollene Schätze wieder aufgedeckt und weiß eine Menge über das Leben im alten China zu berichten.

ALT UND NEU NEBENEINANDER
Im Rahmen der Kulturrevolution der 60er Jahre versuchten die Kommunisten unter Leitung ihres Führers Mao Tse-tung die alten Traditionen abzuschaffen, ähnlich wie der erste Kaiser es durch Bücherverbrennen versucht hatte. Aber auch sie hatten keinen Erfolg. Selbst im modernen China von heute mit seinen Fabriken und Fast-Food-Restaurants stößt man überall auf die alten, lebendig gebliebenen Traditionen.

VERLORENES WIEDER ENTDECKT
Durch das Ausgraben der Gräber vergangener Dynastien haben die Chinesen viel über ihre Geschichte erfahren können. Vor 1900 und zu Zeiten des Kaiserreiches durfte sich niemand an den Königsgräbern zu schaffen machen. Ernsthafte und gründliche Geschichtsstudien begannen in den 20er Jahren, als Archäologen die Shang-Gräber im Nordwesten Chinas freilegten.

Zur selben Zeit fanden Wissenschaftler die wesentlich älteren Überreste des „Peking-Menschen" – Skelettknochen früherer Höhlenbewohner. Diese Funde weckten das Interesse am prähistorischen China. Die Knochen sollten zur Sicherheit 1939 per Schiff nach Amerika gebracht werden, verschwanden aber schon zuvor. Wohin sie kamen, ist eines der größten Rätsel der modernen Archäologie. Sicher ist aber, dass schon vor 25 000 Jahren Menschen in China lebten.

Auf diesen Briefmarken sieht man eine Bhudda-Statue aus Yungang Grotto (oben), die Meeresgöttin Mazu (Mitte) und das Modell eines traditionellen Hauses aus Fujian (unten).

Ein Wagenlenker mit Begleitoffizieren aus der riesigen Grabarmee des Ersten Kaisers. Die Terracotta-Soldaten sind alle Unikate, obwohl sie in einer Werkstatt hergestellt worden sein müssen, in der es wie am Fließband zuging. Anhand der naturgetreuen Details der Figuren konnte man viel über Ausstattung und Kleidung der chinesischen Soldaten lernen.

MODERNE ARCHÄOLOGIE

In den 50er Jahren stießen Forscher bei Peking auf das Grabmal eines Ming-Kaisers und öffneten das erste Ming-Grab. Im Inneren fand man seltenes Porzellan und Seidenrollen, jeweils mit Herstellungsdatum und -ort versehen. Solche Details sind typisch für die Arbeit der Beamten, die mit der Bestattung wichtiger Leute beauftragt waren. Anhand genauer Untersuchungen der in den Gräbern gefundenen Mumien konnten Wissenschaftler viel über das Leben der Menschen zur Kaiser-Zeit herausfinden.

DIE MÄRCHENHAFTEN GRÄBER

Der schönste Grabfund ist die Terracotta-Armee, die vor über 2000 Jahren eine Grabbeigabe des ersten Kaisers war. Sie umfasst hunderte von Tonsoldaten. Etwas Vergleichbares hat die Welt noch nicht gesehen. Ihr Fund 1979 war ein glücklicher Zufall: Bauern brachen beim Ackern in den Grabhügel ein.

Die meisten Funde werden heute durch von der Regierung beauftragte Wissenschaftler in Zusammenarbeit mit Experten gemacht. Oft finden sie die Gräber schon leer vor. In China gab es schon immer viele Grabräuber und heute floriert der illegale Handel mit antiken Schätzen. Aber auch ein leeres Grab kann Geheimnisse offenbaren: An der Decke eines erst 1993 entdeckten Grabes bei Hsien fand man – vor Plünderern absolut sicher – eine gemalte Sternkarte.

Chinesisches Schriftzeichen für „Im Namen des Kaisers".

DIE VERGANGENHEIT ERHALTEN

Archäologie ist oft ein Wettlauf mit der Zeit, denn die moderne Welt droht das Erbe der Vergangenheit zu zerstören. Momentan ist die chinesische Regierung dabei, viele Gräber samt ihren Schätzen zugunsten eines riesigen Wasserspeicherprojektes am Yangtse-Fluss zu vernichten.

Kunst- und Skulpturenaustellungen mit einer Reihe von Grabschätzen wurden in aller Welt gezeigt. Dadurch bekamen die Menschen einen Eindruck von der Schönheit und Vielfältigkeit chinesischer Kunst. Auch chinesische Erfindungen wurden populär und bei der Entwicklung westlicher Technologien berücksichtigt. Touristen können in China historische Schauplätze und Museen besichtigen. Auf diese Weise bringt man den Ausländern China mit seiner schillernden Geschichte näher. Soweit man heute weiß, hat sich am Leben des chinesischen Volkes über die Jahrhunderte erstaunlich wenig geändert.

Die heutigen Chinesen sind die Erben der ältesten Kultur der Welt, deren Traditionen seit über fünftausend Jahren Bestand haben.

Auf Chinas Geschichte trifft man noch heute überall. Diese Neonreklameschilder sind zwar modern. Sprache und Traditionen, die die heutigen Chinesen prägen, stammen jedoch aus alter Zeit.

ZEITTAFEL UND ERLÄUTERUNGEN

Dieses Buch kann leider nur einige Ereignisse und Erfolge aus der 5000 Jahre alten Geschichte Chinas erwähnen. Unten folgt eine Zusammenstellung der größten Dynastien, deren Errungenschaften und wichtiger Stichdaten.

Frühzeit: bis 1122 v. Chr.
Vor über 500 000 Jahren: Steinzeit. Jäger und Sammler.
Um 3000 v. Chr.: Erste Dörfer und Bauern.
Um 2200 v. Chr.: Sagenumwobene Hsia-Dynastie.
Um 1500 v. Chr.: Shang, Bronzeverarbeitung.

Erste Kaiserreiche: 1122 v. Chr. bis 618 n. Chr.
1122 v. Chr.: Chou-Dynastie, gefolgt von der „Frühlings- und Herbstperiode" (770–221 v. Chr.).
500 v. Chr.: Konfuzius, Laotse. Erster Kaiser Shi Huang-ti.
202 v. Chr. bis 220 n. Chr.: Han-Zeit. Handel mit Europa beginnt.
Periode der „Drei Reiche" und „Sechs Dynastien" bis 581.
Einführung des Buddhismus' in China.
581–618: Sui-Dynastie.
Großer Kanal.

Die großen Dynastien
618–907: T'ang-Dynastie bringt Wohlstand und Fortschritte in Technik und Kunst.
Periode der „Fünf Dynastien" und „Zehn Königreiche" – kurze Militärdiktatur.
Porzellan und Schriftkunst.
960: Vereinigung Chinas durch Sung-General Chao Kuang-yin.
960–1126: Nord-Sung von Nomaden erobert.
1127–1279: Süd-Sung. Blütezeit für Malerei und Philosophie.
Beginn der Mongolenüberfälle.
1279: Ende der Sung-Dynastie.
1260–1294: Kublai Khan.
1271–1297: Marco Polo in China.
1279–1368: Sieg der Mongolen und Yüan-Herrschaft.

Dieses Bild des Kaisers Kangzi während einer Reise durch Kiang-Han veranschaulicht grundlegende Züge aus Chinas Kunst und Gedankenwelt. Die Landschaft macht einen beruhigenden, gepflegten Eindruck. Bäume, Felsen und Flüsse sind ewigwährender Halt für das Handeln des Menschen.

Ming- und Chin-Dynastien: 1368–1912
1368–1644: Ming-Dynastie.
Peking wird zur Hauptstadt Chinas.
Die verbotene Stadt.
Chinesische Schiffe segeln nach Indien, Arabien, Indonesien und Afrika.
Ankunft der ersten Europäer:
1514 Portugiesen, 1622 Holländer, 1637 Engländer.
1644-1912: Mandschu- oder C'ing-Dynastie.
1839–1842: Opiumkrieg.
1851–1864: Taiping-Revolution.
1900: Boxer-Aufstand, gegen Ausländer.

Glossar
Adelige: Landbesitzer, die als Dank für ihr Land für den König kämpfen mussten.
Archäologe: Wissenschaftler, der sich mit alten Kulturen beschäftigt.
Armbrust: Waffe, mit der man Pfeile abschießt, indem man eine Schnur spannt und über einen Abzug losläßt.
Barbaren: Unzivilisierte Menschen; die Chinesen hielten fast alle Ausländer für Barbaren.
Bauer: Arbeitete meist für seinen Herren, konnte aber auch eigenes Land besitzen.
Beamter: Staatsbediensteter im Dienst des Königs.
Bronze: Mischung aus Kupfer und Zinn.
Buddhismus: Lehre des Buddha (um 563–483 v. Chr.).
Dynastie: Herrscherfamilie, aus der mehrere Kaiser hintereinander stammen.
Eunuch: Männlicher Diener und Kastrat.
Grabmal: Beerdigungsplatz, meistens unterirdisch.
Jade: Harter Stein für Schnitzereien und Schmuck, meist grün oder weiß.
Kavallerie: Soldaten zu Pferde.
Lack: Typische, glänzende Holzglasur aus bestimmtem Baumsaft.
Löss: Feiner gelber Sand.
Wahrsager: Person, die in die Zukunft sehen und das Schicksal vorhersagen kann.

ZITATE
König Pan Geng war ein Shang-Herrscher, der seinen Hof 1400 v. Chr. nach Anyang verlegte. Marco Polo (1254–1342), ein Venezianer, verbrachte 17 Jahre in China und brachte den Europäern erste Eindrücke aus China. Laotse war einer der größten chinesischen Philosophen. Er lebte vermutlich im 6. Jh. v. Chr. Xunzi (315–236 v. Chr.) war ein Philosoph, der im Chin-Staat an einer Akademie arbeitete. Offizielle Geschichtsbücher hielten die Ereignisse während der verschiedenen Dynastien fest.

REGISTER

Seitenzahlen in kursiv beziehen sich auf Bildunterschriften.

Adelige und Herren 12, *13*, 16, 18, *20*, 25, *29*, 34, 47
Anyang 8, 47
Archäologie 44, 45, 47

Bauern und arme Leute 6, 7, 10, *10*, 12, 13, 17, 26, 28, *28*, 29, *29*, 45, 47
Beamte *34*, 35, 47
Begräbnisse und Gräber 8, *8*, 9, *9*, 11, *14*, 17, 21, 23, 25, *44*, 45, 47
Bronzezeit *4*, 6, 7, *7*, 36, 46, 47
Bücher 17, 22, *22*, 23, 44
Buddha und Buddhismus 4, 18, 19, *19*, 20, *21*, 22, 46, 47
Burgen und befestigte Dörfer 6, *6*, *13*, 16

Ch'ang-an 26, 27, *27*

Di Xin, König 11
Diener und Sklaven 8, 9, 26, *26*, 35
Dörfer und Dorfleben 4, 6, *6*, 10, *10*, 27
Dschingis Khan 38, *38*
Dynastie, Staat
   Chin 4, *5*, 14, 15, 16
   Chou 4, 11, 12, 46
   Chu 14, 15
   Han 4, *5*, 17, 23, 24, 25, *25*, 26, 46
   Mandschu oder C'ing 4, *41*, 42, 43, 47
   Ming 4, *5*, 23, 39, 40, *42*, 45, 47
   Shang 4, *5*, 6, 7, *7*, 8, 11, 22, 36, 44, 46
   Sui 4
   Sung 4, 12, 15, 23, *26*, 27, 36, 37, 38, 39, 46
   T'ang 4, *15*, 23, *23*, 36, 37
   Yüan 39

Erfindungen und Entdeckungen 22, 31, 36, *36*, 37, *37*, 45
Ernährung 4, 7, 9, 11, 12, 20, 26, 28, *28*, 32

Familienleben 20, *20*, 21, *21*, 28, 35, 41
Feudalstaat 12, *13*

Fischer *23*, 28
Flüsse
   Hwangho (Gelber Fluss) 4, 11
   Yangtse 11, 32, 45

Gelehrte 12, *12*, 13, 17, 19
Große Mauer 4, *16*, 17, 30, 38, 42, 44

Handel und Reisen 30, 31, *31*, 32, 42, *42*, 44
Handwerker 7, 12, *13*, 17, 26
Hangtschou 27
Hao 12
Häuser und Paläste 6, *6*, 20, 24, *24*, 25, *25*, 27, 28, 29, 40, *46*
Hochzeiten 21, *21*, 23, 34
Hsienjang 17, 26

Jade und Schmuck 7, 9, 22, 23, 47

Kaifeng 26, 27, 32
Kaiser
   Han Kao-tsu 17
   Kangzi *35*, 43
   Liang Wu-di *19*
   Liu Bang 17
   Ming Hong Wu 39
   Shi Huang-ti 4, *14*, 16, 17, 45
   Wu 35
   Yung Le 34
Kalender und Feierlichkeiten 21, *38*
Kanäle und Bewässerung 11, 13, 32, *32*, 33, *33*, 39, 46
Kaufleute 12, 27, *29*, 30, 31, *31*
Kublai Khan 39, *39*, 46
Kleider und Stoffe 12, 13, 21, *23*, 29, *29*, 31
Kompass *30*, 37
Konfuzius 4, 18, *18*, 35, *35*, 46
Könige und Königreiche 4, 6, 7, 8, *8*, 9, 12, siehe auch spezielle Namen
Kriege und Kämpfe 7, 9, 12, *13*, 14, 15, *15*, 37, 38, *38*, 39
Küche *4*, 7, 28
Kunst und Skulpturen 22, 23, 38, 45

Landwirtschaft und Bauern 4, 10, 11, *11*, 12, 25, 27, 36
Laotse 18, 46, 47
Literatur und Theater 23
Loyang 12, 32

Macao 26
Marco Polo 27, 31, *31*, 38, 39, 46, 47
Medizin *37*
Menschenopfer 6, *7*, 8, 9, *9*
Mongolei 4, 5, 43
Mongolen 4, 12, *12*, 33, 38, *38*, 39, *39*, 40, 46
Münzen 16, *17*

Pan Geng, König 6, 47
Papier 22, 36, 37
Peking 33, 39, 40, 45, 47
Prähistorisch 4, 7, 44

Regierung 18, 34, 35, *35*, 36, 43, 45
Religion 4, 7, *7*, 18, 19 siehe auch Buddha, Konfuzius

Schiffe und Boote 30, 31, 32, 33, *33*, 37, 42, *43*, 47
Schrift 7, 45
Seidenstraße 30, *30*, 31
Soldaten und Krieger 4, 7, 8, *9*, 11, 15, 17, *22*, 35, 38, *44*
Städte 6, 26, *26*, 27, *27*, 34, 38, siehe auch verbotene Stadt
Steuern 13, 17, 39
Straßen 16, 26, 39, siehe auch Seidenstraße

Taiwan *5*, 43
Tao und Taoismus 18, 19, 23
Tiere 8, *8*, 10, *10*, *15*, *16*, 21, 22, 26, 28, *30*, 35, 36
Töpferei *4*, 7, 9, 23, *23*, *42*

Verbotene Stadt 40, *40*, 41, *41*, 47

Wahrsager und Orakel 6, 7, 9, 15, 47
Werkzeuge und Waffen 4, 6, 7, 11, *11*, 12, 13, 14, 15, 36, 37, *38*, *39*
Wissenschaft und Technik 7, 36, 37, 44

Xunzi 14, 18, 47

19.95

241/47